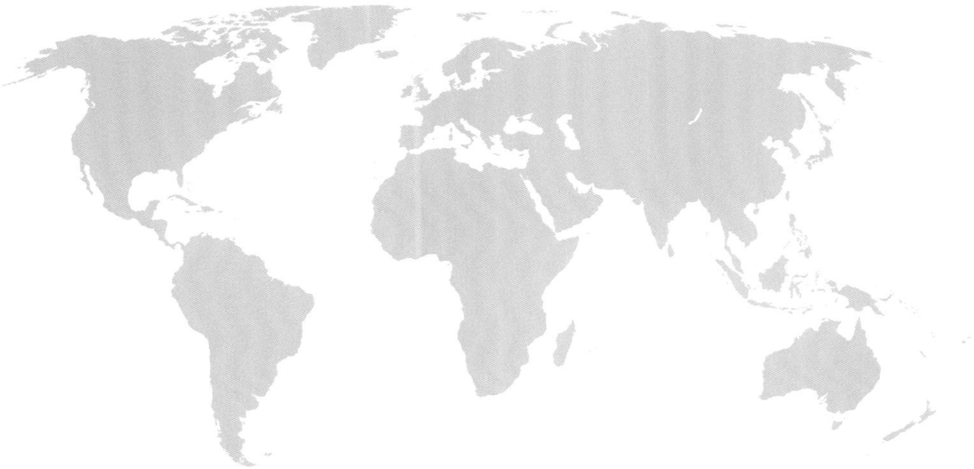

汉语国际传播与国际汉语教学研究丛书　总主编：吴应辉
Series of Chinese Language Globalization & International Chinese Language Teaching Studies
Chief Editor: Wu Yinghui

美国小学汉语教学研究

Teaching Chinese in Elementary Schools in US

田　艳　贺怡然 / 著
By Tian Yan & He Yiran

中央民族大学出版社
China Minzu University Press

图书在版编目（CIP）数据

美国小学汉语教学研究／田艳，贺怡然著. —北京：中央民族大学出版社，2017. 8

ISBN 978-7-5660-1414-6

Ⅰ. ①美… Ⅱ. ①田…②贺… Ⅲ. ①汉语—对外汉语教学—教材研究—小学 Ⅳ. ①H195. 3

中国版本图书馆 CIP 数据核字（2017）第 189692 号

美国小学汉语教学研究

作　　者	田　艳　贺怡然
责任编辑	戴佩丽
封面设计	符　蓉
出 版 者	中央民族大学出版社 北京市海淀区中关村南大街 27 号　邮编：100081 电话：68472815（发行部）传真：68932751（发行部） 68932218（总编室）　68932447（办公室）
发 行 者	全国各地新华书店
印 刷 厂	北京盛华达印刷有限公司
开　　本	710×1000（毫米）　1/16　印张：17. 75
字　　数	225 千字
版　　次	2017 年 8 月第 1 版　2017 年 8 月第 1 次印刷
书　　号	ISBN 978-7-5660-1414-6
定　　价	68. 00 元

汉语国际传播与国际汉语教学研究丛书总序

吴应辉

目前来华学习汉语人数不到全球学习汉语人数的1%，而在中国境外学习汉语的人数达99%以上。国际汉语教学已成为学术界关注的一个热点，然而从目前出版和发表的有关论著来看，研究对外汉语教学的很多，但研究国际汉语教学的很少。汉语国际传播及国际汉语教学的实践已经超前于理论，或者说我们的汉语国际传播及国际汉语教学理论滞后于实践。作为国际汉语教学的从业者，大家都应肩负起历史使命，对汉语国际传播及国际汉语教学进行研究，深入探讨相关的理论和实践问题。

中央民族大学在20世纪50年代就开始了对越南学生的汉语教学，成为当时中国最早接收外国留学生的八所院校之一，但在对外汉语教学学科建设方面起步较晚。近年来，中央民族大学国际教育学院调整了学科建设方向，将研究力量集中于汉语国际传播和国际汉语教学。在学校的大力支持下，我们的国际汉语教学学科建设已经取得初步成果。我们在全国高校中率先在语言学及应用语言学专业博士研究生培养中设立汉语国际传播研究方向；我们是全国第一个明确把“国际汉语教学”列为重点培育学科加以建设的汉语教学机构；我们创新性地设计并组织实施了“汉语国际教育硕士”的“1+2+X”培养模式；我院绝大部分专职教师和20多位中外博士生都把研究方向集中到了国际汉语教学及其重要组成部分汉语国际传播上，研究领域包括泰国、马来西亚、缅甸、韩国、美国、越南等国家的汉语传播问题，内容涵盖国际汉语教学宏观和微观层次的诸多问题；我们已承担了包括两项国家社科基金课题、教育部新世纪优秀人才支持计划项目和教育部人文社会科学项目在内的多项汉语国际传播纵向和横向课题；我们正在进行国际汉语教学案例库和汉语国际传播数据库建设……

我们才刚刚起步，我们愿不断努力，与兄弟院校一起在汉语国际传播和国际汉语教学领域拓荒、播种，并愿意与国内外同行分享我们的收获。我们将以全球化的视野、国际化的思维和创新务实的行动，努力开展汉语国际传播和国际汉语教学研究，推动国际汉语教学学科建设，为汉语和中华文化走向世界尽一份绵薄之力。

经过中央民族大学国际教育学院两年多的策划和研究，汉语国际传播与国际汉语教学研究丛书陆续开始出版了。希望这套丛书能从各个侧面对国际汉语教学学科的形成和建设起到支撑作用，能为国际汉语教学的专家学者带来另一股清新的学术空气，给青年学者和博士、硕士研究生选择未来的研究领域提供新视野，并为汉语国际传播有关机构提供决策参考。这套丛书虽为中央民族大学国际教育学院策划，但我们的作者并不限于本院师生，我们热忱欢迎国内外有志于汉语国际传播和国际汉语教学研究的专家学者加盟我们的队伍，我们愿意将符合丛书主题的学术成果列入丛书出版。

鉴于广大读者甚至很多业内学者和学生对汉语国际传播与国际汉语教学的认识尚不够深入，谨以本人在《语言文字应用》2010 年第 3 期上发表的论文“国际汉语教学学科建设及汉语国际传播研究探讨”作为代序，对汉语国际传播与国际汉语教学做一些学术探讨，以增进学界对国际汉语教学学科的认识。

国际汉语教学学科建设及汉语国际传播研究探讨[①]
（代序）

随着汉语快速走向世界，对外汉语教学时代正在转型为国际汉语教学时代，传统的对外汉语教学正在转型为国际汉语教学，因此，有必要努力建立与之相适应的国际汉语教学学科。国际汉语教学学科应该包括传统的对外汉语教学和汉语国际传播两大部分。汉语国际传播是指建立在世界各国对汉语需求的基础之上，汉语遵循语言传播规律，从中国走向世界的语言传播现象。汉语国际传播研究是国际汉语教学研究的重要组成部分。鉴于此前很少有人讨论过相关问题，本文将探讨建立国际汉语教学学科的必要性，国际汉语教学与传统的对外汉语教学、汉语国际传播研究的关系，对外汉语教学向国际汉语教学的转型，国际汉语教学研究的理论基础和研究内容，国际汉语教学的学科建设，当前汉语国际传播研究的领域等问题，以期抛砖引玉，并希望有更多的同行参与到国际汉语教学及汉语国际传播的研究中来，不仅可以推动转型后的国际汉语教学学科建设，而且通过汉语国际传播研究为汉语国际推广工作提供更多的智力支持和决策参考。

---

① 吴应辉：国际汉语教学学科建设及汉语国际传播研究探讨，《语言文字应用》2010 年第 3 期，作者对文章进行了部分删节和小的改动。本文获“新世纪优秀人才支持计划”资助（Supported by Program for New Century Excellent Talents in University，“NCET”）。

一、国际汉语教学时代已经到来

随着中国综合国力的迅速增强，尤其是经过金融危机的洗礼，中国与世界发达国家的经济实力对比发生了很大改变，差距正日益缩小。不久前，世界银行副行长兼首席经济学家林毅夫甚至指出，到2020年中国可能成为世界第一大经济体。[①] 中国国际地位的快速上升，使世界各国人民了解中国的需求心理快速增强，汉语热正在世界各地悄然兴起，汉语国际传播的新时代已经到来。国家汉办主任、孔子学院总部总干事许琳说，世界上学习汉语的人数也远超中方预期。据介绍，目前全世界有109个国家、3000多所高等学校开设了汉语课程。特别是中小学开设汉语课的热情越来越高。世界各国学习汉语的人数，很多国家以50%甚至翻番的速度增长。全世界现在学习汉语的人数已经超过了4000万。[②] 世界范围的汉语需求增长迅速，从2004—2009年，应世界各国有关机构的要求，国家汉办派出汉语教学志愿者达6000多人。仅2008年，国家汉办就派出汉语教学志愿者1700多人，分布在46个国家。2008年全国共派出汉语教师2000余人，分布在105个国家。截止到2008年底，应世界各地有关机构的请求，全球已建立孔子学院249所，孔子课堂56个。[③] 周边国家的汉语热尤为突出，“日本有200万人在学习汉语。韩国学习汉语的人数超过100万，现有的142所大学全部开设了汉语课程。韩国教育部计划在全

① 中国新闻网3月22日：http：//www. chinanews. com. cn/cj/gncj/news/2009/03-19/1608221. shtml.

② 新华网：世界“汉语热”远超预期，学习人数已超4000万。2009-03-13。http：//news. xinhuanet. com/edu/2009-03/13/content_ 11002421. htm

③ 以上数字引自前教育部部长周济“在2008年孔子学院大会上的工作报告”。

国中小学普遍开设汉语课。印尼目前有1000所中学正式开设了汉语课”。[1]“泰国作为汉语热的新兴国家，开设汉语课的中小学已达千所以上，学习汉语的人数10年间增长了20多倍，2007年泰国学习汉语的中小学生超过20万人（206134人）。泰国接收中国汉语教学志愿者人数列各国之首”[2]，2008年接收了870名来自中国的汉语教学志愿者，2009年仅新派志愿者就达800人，[3]加上留任的志愿者，在泰国的汉语教学志愿者人数已达上千人。泰国孔子学院建设也卓有成效，一个只有6000万人口的国家建立了11所孔子学院和孔子课堂。在泰国，学习汉语已经成为一种时尚，泰国汉语传播速度在当今汉语国际传播中是一个奇迹。在美国、欧洲，汉语教学的发展势头也非常好，美国大学理事会的调查结果显示，全美有2400多所中小学有意向在近几年开设汉语课，[4]美国出于国家安全的考虑，投入巨资开展“关键语言”（Critical Languages）教学，而汉语就是六种关键语言之一。在英国、法国、德国、俄罗斯等国家，开设汉语课的学校也在快速增加。这些事实说明，国际汉语教学的时代已经到来。

二、国际汉语教学时代需要有与之相适应的国际汉语教学学科

对外汉语教学正快速向国际汉语教学转变，对外汉语教学学科也应该与时俱进，转型为国际汉语教学学科。自20世纪80年代

---

① 中国网：孔子学院影响力独特：4000万洋人学习汉语，2007-03-20。http://www.china.com.cn/international/txt/2007-03/20/content_ 7987819.htm

② 吴应辉、杨吉春．泰国汉语快速传播模式研究［J］．世界汉语教学，2008（4）．

③ 国家汉办志愿者中心提供数据。

④ 新华网：国外学中文成时尚，美2400所学校愿开中文课，2006-07-06。http://news.xinhuanet.com/edu/2006-07/06/content_ 4800553.htm

对外汉语教学学科建立以来，我国对外汉语教学学科取得了快速发展，已形成一套自己的理论体系、研究方法，推出了大批研究成果，建立了本科、硕士和博士三个层次完整的人才培养体系，为中国的对外汉语教学事业做出了应有的贡献。2003年国家汉办推出的“汉语桥工程”① 开始实施，对外汉语教学开始向国际汉语教学转型。2004年，“国务院批准了国家对外汉语教学领导小组制定的对外汉语教学事业2003年至2007年发展规划——《汉语桥工程》，明确提出了‘集成、创新、跨越’作为对外汉语教学和汉语国际推广工作的发展战略，也就是：集成一切资源要素，采取创新的举措，实现对外汉语教学事业的跨越式发展”。② 2005年7月在北京举办的首届世界汉语大会实为汉语国际推广的首次动员大会，来自五大洲66个国家的300多位代表出席了这次大会。此次大会之后，汉语国际推广工作进入了高速发展阶段。

“六大转变”的推出，进一步加快了从对外汉语教学向国际汉语教学的转型。2006年，对外汉语教学向国际汉语教学的转变得到国家汉办等有关部门在政策层面的推动，“针对我国多年来对外汉语教学的主战场在国内，以来华留学生为主要教学对象的传统汉语教学模式不适应国外对汉语的需求状况，提出了转变观念和工作重点，实施六大转变：一是发展战略从对外汉语教学向全方位的汉语国际推广转变；二是工作重心从将外国人‘请进来’学汉语向汉语加快‘走出去’转变；三是推广理念从专业汉语教学向大众化、普及型、应用型转变；四是推广机制从教育系统内推进向系统内外、政府民间、国内国外共同推进转变；五是推广模

① 汉语桥工程主要包括孔子学院，中美网络语言教学、教材、音像和多媒体制作，国内外汉语教师队伍建设，对外汉语教学基地建设，汉语水平考试，世界汉语大会，“汉语桥比赛”“汉语桥”基金与援助国外中文图书馆和基本建设九个方面的内容。

② 章新胜．加强汉语的国际传播，促进多样文化的共同发展［J］．求是，2005（16）。

式从政府行政主导为主向政府推动的市场运作转变；六是教学方法从纸制教材面授为主向充分利用现代信息技术、多媒体网络教学为主转变。六个转变实际包含了三个层面：体制和机制、对象和教学类型、教材和教法。换言之，从过去的‘请进来’、对有一定学历的成年人进行面对面教学，发展到‘走出去’、对社会上各式各样的人进行多种方式的教学，需要全方位的改进和改革”。[①] 这一政策的推出，更加快了传统的对外汉语教学向国际汉语教学的转型。

目前的汉语教学除了我国国内的对外汉语教学之外，还有100多个国家都在开展汉语教学。据教育部公布的数据，2008年共有来自189个国家和地区的22万多（223499）名各类来华留学人员[②]，与世界各国学习汉语人数相比，仅占不足1%（0.56%，按全世界4000万人学汉语的数字计算）。我国2008年派出的汉语教学志愿者和汉语教师达3000多人，但他们只占世界各国汉语教师中极小的一部分。这些数据已经充分说明，汉语教学的主体不在国内而在国外。国际汉语教学时代已经到来。因此，我们有必要在传统的对外汉语教学学科的基础上扩充改造，形成与汉语国际传播形势相适应、更有利于学科发展的国际汉语教学学科。对外汉语教学的内涵是“对外国人的汉语教学”，隐含着“老师是中国人，中国老师教外国学生”之意。但进入国际汉语教学时代，当千千万万的外国人就在自己的国度学习汉语的时候，教授他们汉语的老师可能绝大多数都是本国人，对外汉语教学这一名称在中国以外的其他国家就显得不太合适。作为一个学科，其内涵已发生了巨大变化，甚至已变化到原有的学科名称不能涵盖的程度，

---

① 许琳．汉语国际推广的形势和任务［J］．世界汉语教学，2007（2）．

② 教育部2009年第6次新闻发布会：介绍2008年中国教育对外开放总体情况及出国留学、来华留学事业发展情况。见教育部网站：http：//www.moe.gov.cn/edoas/website18/02/info1237941653766102.htm

因此，非常有必要用“国际汉语教学”替代“对外汉语教学”。这样，国际汉语教学学科就能很好地涵盖国际汉语教学时代的学科内涵发展需要。尽管形式上对外汉语教学这一名称的使用仍然居主导地位，但现实中对外汉语教学学科已进入了国际汉语教学学科时代。从这个意义上讲，国际汉语教学这一能够充分反映此变化的新的学科名称替代“对外汉语教学”这一传统学科名称实属必然。

此外，现实中，“国际汉语教学”这一术语已在汉语教学界广泛使用，如由世界汉语教学学会定期召开的学术会议的名称确定为“第×届国际汉语教学讨论会”，由美国中文教师协会与中国大学联合定期举办的学术会议的名称确定为“第×届国际汉语教学学术研讨会”，国家汉办 2009 年 4 月与北京语言大学合作建立了“国际汉语教学研究基地”，其中使用的都是“国际汉语教学”，北京外国语大学出版的学术辑刊叫“国际汉语教学动态与研究”(2009 年开始更名为“国际汉语教育”)，国家汉办制定的一套汉语课程大纲叫“国际汉语教学通用课程大纲”，其他使用较多的还有“国际汉语教学创新奖”“国际汉语教学资源展”“国际汉语教学图书展”等。总之，“国际汉语教学”这一术语在没有任何人刻意把它作为学科名称推出的情况下，在现实中已被无声无息地广为接受了。

当然，也有专家认为，应该使用“国际汉语教育”“汉语外语教学”“汉语作为外语教学”“汉语作为第二语言教学”等名称，但笔者认为，“教育”有教书育人之意，隐含道德说教之嫌，中国教育特色太明显，毕竟这一学科名称是要涵盖全球汉语教学的，主要任务是“教书”，“育人”之功能宜弱化。而“汉语外语教学”实为“汉语作为外语教学”的缩写，在人们对“汉语作为外语教学”和“汉语作为第二语言教学”两个术语争论不休的今天，“汉语作为外语教学”强调的是汉语在非汉语环境中作为外语的教学，也就是汉语在中国以外的其他国家的语言环境下的汉语教学，而“汉语作为第二语言教学”这一术语的内涵存在两种主要争议，一种意见认为，主要指在汉语环境下对外国人或母语不是汉语的其他人的汉语教学，其中也包括对母语非汉语的少数民族的汉语教学，如在中国对外国人进行的汉语教学或对母语为某种民族语言的少数民族的汉语教学；另一种意见认为，“第二语言是根据习得先后顺序来定义的。因此，对那些汉语为非母语者，无论是在美国还是在中国学习汉语，按照时间顺序，汉语都是他的第二语言，只是学习环境不同。在中国，汉语是在‘第二语言环境’（second language context）习得的，在美国，汉语是在‘外语环境’（foreign language context）习得的。换句话说，第二语言与习得环境无关”。[①] 由此可见，汉语作为第二语言教学不仅存在其内涵方面的争议，而且存在把“对中国国内少数民族的汉语教学”包括进去的情况，将其作为国际汉语教学时代的反映国际汉语教学现实的学科名称显然不太恰当。综上所述，“国际汉语教育”“汉语外语教学”“汉语作为外语教学”“汉语作为第二语言教学”等名称均存在明显的不足，相比之下，“国际汉语教学”这一名称既能反映汉语走向世界的现实，又能充分反映学科的内涵，而且不带任何道德说教之嫌，显得比较中性，兼顾了各个方面，作为一个学科名称，应该是最佳选择。当然，也有意见认为，这个学科名称国际接轨程度不高，主要理由是，以英语为例，就没有“国际英语教学”之说。但是中国应该有自己的创新，中国人应该有勇气创造出一个响亮的学科名称“国际汉语教学”，也许“国际汉语教学”这一名称使用后，世界各国会效仿创造出“国际××语教学”等一批学科名称。

---

① 王建勤．汉语国际传播标准的学术竞争力与战略规划［J］．云南师范大学学报，2010（1）。

三、汉语国际传播研究是国际汉语教学学科的两大组成部分之一

(1) 汉语国际推广、汉语国际传播、国际汉语教学的区别与联系

汉语国际推广、汉语国际传播和国际汉语教学是一组既有联系又有区别的概念。三个概念的共同点是，都与汉语走向世界有关。汉语国际推广主要是作为一项事业的名称来使用，反映汉语的母语国中国努力把自己国家的语言汉语推广到世界的主动行为。这一术语一度被官方广泛使用，它能充分反映有关机构要把汉语推向世界的主动性、积极性和美好愿望，但会带来“文化侵略”之嫌的负面效应。本人注意到，此术语在正式重要场合，尤其是国际性重大活动中的正式讲话或报告很少使用。汉语国际传播是一个较为中性的学术术语，它能反映汉语走向世界的时代特征，也能涵盖与其相关研究领域当前和未来相当长一段时期的学科内涵，同时能为学科发展拓展更广阔的学术空间，是学术界公认并广泛使用的一个国际汉语教学分支学科的术语。教育部副部长、国家语委主任郝平2009年5月指出，“当前，要优先发展当代社会急需的分支学科，如语言规划学、语言教学、计算机语言学、法律语言学、播音语言学、汉语国际传播等等。”① 汉语国际传播被国家语委主任列入当前应该优先发展的分支学科，说明发展这个分支学科的必要性和紧迫性。国际汉语教学则是反映全球汉语教学与研究的学科名称，在学科目录中至少应该列为二级学科，是

① 郝平．大力促进应用语言学发展，为国家的繁荣昌盛作贡献，中国语言文字网：http：//www. china-language. gov. cn/

汉语国际传播的上位学科，汉语国际传播是其分支学科，也是国际汉语教学最重要的组成部分。

（2）国际汉语教学与对外汉语教学的关系

国际汉语教学应包括传统的对外汉语教学和汉语国际传播两大部分。之所以把对外汉语教学列为国际汉语教学的两大部分之一，是因为对外汉语教学不论是过去、现在还是未来，都是汉语走向世界的重要途径，只不过开展汉语教学的地域不在国外而在国内，开展汉语教学的语言环境是目的语环境而已。国际汉语教学和传统的对外汉语教学的关系是：对外汉语教学是国际汉语教学的前身和重要组成部分，国际汉语教学是对外汉语教学的继承和发展，它拓宽了对外汉语教学的研究视野，使对外汉语教学的交叉性特征更加明显，研究方法更加多样化。国际汉语教学和对外汉语教学是同一个学科，是一脉相承的，但国际汉语教学具有更强的多学科交叉性。之所以使用“国际汉语教学”这个名称，是因为它更能反映汉语国际传播的现实、当前和未来相当长一个时期的学科内涵，同时能为学科发展拓展更广阔的学术空间，总之，更有利于学科的持续健康发展。

从学科归属的角度说，对外汉语教学和国际汉语教学都应该属于语言学及应用语言学，都是一个以汉语言文字教学为基础、关涉其他许多学科的交叉性学科；对外汉语教学作为国际汉语教学的前身和重要组成部分，经过20多年的努力，已经建立了一套初具规模的理论体系，这些理论体系也是国际汉语教学的重要支撑，但国际汉语教学除传统的对外汉语教学理论体系部分外，汉语国际传播方面的理论体系尚处于草创阶段。也有观点认为，对外汉语教学应该属于教育学科，但笔者认为，该学科的基础、主干课程和教学内容均属于语言学，教育学相关内容仅为其中的很小一部分，所以，还是应该归入语言学及应用语言学。

从理论基础来看，传统的对外汉语教学以语言学、教育学、心理学、文化学等学科理论为基础，但国际汉语教学除以上学科外，由于汉语国际传播还涉及外交、项目管理、国别文化等方面，因此其理论基础还应该包括管理学、文化人类学、传播学、外交学、社会学、历史学、地理学、统计学、计算机科学与技术等。

从研究内容来看，国际汉语教学比对外汉语教学更宽、更广。传统的对外汉语教学，主要研究中国的汉语教师对到中国来学习汉语的外国留学生的汉语教学相关的各种问题，主要侧重于“汉语语言学、汉语习得理论、汉语教学理论和研究方法学等基础理论和总体设计、教材编写、课堂教学、测试评估、教学管理和教师培养等应用研究”。①但国际汉语教学则不仅要研究上述问题，还要研究汉语国际传播相关的各种问题，如世界各国的汉语需求，本土化教材研发，国别化汉语教师的培养，国别化教学理论与方法，孔子学院管理机制、办学模式、布局、评估体系及个案，汉语教学志愿者项目和外派汉语教师项目相关的标准、程序、大纲、教材、管理机制、文化适应等问题，国别语言政策与汉语传播、国别文化与汉语传播、国别政治经济与汉语传播、地缘政治与汉语传播、国际关系与汉语传播、汉语国际传播史等研究领域。由此可见，国际汉语教学的研究内容主要包括两部分，一是传统的对外汉语教学的研究内容；二是与汉语国际传播相关的各种问题。

国际汉语教学主要包括中国国内的对外汉语教学和主要研究汉语走向世界相关问题的汉语国际传播两大组成部分，而国别汉语教学是汉语国际传播的一部分。

国际汉语教学学科建设应该主要抓好以下几个方面的工作：一是学科理论建设，二是学科队伍建设，三是学科人才培养。学科理论建设是最为重要的方面，在继续重视汉语教学研究的同时，要特别重视汉语国际传播理论体系建设和汉语国际传播实践研究，

① 刘珣．对外汉语教育学引论［M］．北京语言大学出版社，2001：396.

它是国际汉语教学不可或缺的研究领域，可以说，没有汉语国际传播研究，国际汉语教学学科就不完整。因此，开展汉语国际传播研究是国际汉语教学学科建设的需要。目前发表汉语国际传播研究成果的期刊寥寥无几，我们应该努力创办新的专业期刊，或在更多的学术期刊上开辟汉语国际传播研究专栏，以推动这一领域的研究。此外，学科队伍建设是学科建设的另一重要方面。目前研究对外汉语教学的队伍已初具规模，但研究汉语国际传播方面的学者却屈指可数，因此，有必要吸引更多的业内人士参与到汉语国际传播研究的工作中来，力争在五到十年内形成一支汉语国际传播研究队伍。人才培养对于一个基础薄弱的学科来说十分重要，除继续加大力度培养对外汉语教学硕士、博士研究生和汉语国际教育专业硕士以外，有必要在硕士和博士层次开设汉语国际传播研究课程，以培养高层次汉语国际传播方面的教学、研究和管理人才，确保国际汉语教学学科后继有人，并能持续、健康、稳步地发展。

四、汉语国际传播研究的主要领域

实践需要理论指导，目前汉语国际传播研究严重滞后于汉语国际推广实践①。汉语国际传播对于国际汉语教学工作者来说，既是艰巨而光荣的任务，也是难得的机遇。既然时代呼唤理论，我们就有责任、有义务研究汉语国际传播相关的各种问题，让汉语又好又快地走向世界。可以预言，未来很长一个时期内，世界范围的汉语学习需求将持续快速增长并拉动汉语持续快速走向世界。汉语国际传播实践亟须汉语国际传播研究的支撑，汉语国际传播

① 吴应辉．加强研究，指导实践，让汉语又好又快地走向世界——汉语国际传播笔谈前言［J］．云南师范大学学报，2007（5）．

研究将具有广阔的空间。鉴于汉语国际传播蓬勃发展的形势，笔者认为汉语国际传播研究的主要领域应该包括以下几个方面：

一是汉语国际推广战略研究，包括对中国汉语国际推广的总体战略、国别战略、孔子学院布局战略等方面的研究，同时还应包括各国关于自己国家汉语推广战略的研究。汉语国际推广的总体战略应该成为国家战略的重要组成部分，尤其要配合国家的整体外交战略和国际经贸战略，最好有一定的超前性，因此，汉语国际推广战略研究对汉语国际推广实践具有重要的指导意义。

二是汉语国际传播国别问题研究，包括国别教育体制、国别语言政策、国别文化与汉语国际传播等相关问题以及国别汉语教学需求研究。汉语国际传播的成功程度，主要体现在汉语进入国民教育体系的程度，因此，我们应该加强汉语国际传播与不同国家教育体制相关问题的研究，努力促成汉语教学进入所在国的国民教育体系。汉语国际传播必须与所在国的语言政策和当地文化相协调。我们应该把所在国语言政策和文化研究透彻，才能做到知己知彼，顺利传播。各国汉语需求的调查研究对于制定汉语国际传播战略十分重要，我们应该加强各国汉语教学需求的调查研究，定性与定量相结合，为制定长期战略提供科学依据。

三是汉语国际传播体制、机制与科学发展研究。汉语国际传播是新生事物，其管理体制与这项事业的整体可持续发展密切相关，项目的运行机制也直接关系到具体项目的可持续发展，如孔子学院及孔子课堂的发展问题研究，汉语教学志愿者项目、公派汉语教师项目的管理机制研究等，因此，有必要及时研究体制和运行机制方面面临的新情况和新问题。

四是汉语教学的本土化问题研究。在各国汉语教学中，本土化教材、教师、教学法相关问题的研究制约着日常汉语教学的各个方面。国别语言和文化的不同决定了对汉语教材、教师和教学法的不同要求。随着不同国家汉语需求的增长，本土化汉语教材、教师、相关教学法及教学模式等领域的研究必将成为汉语国际传播研究的重要领域。

五是汉语国际传播与国家软实力建设研究。语言传播对提升国家软实力起到积极作用，但是，通过什么途径、影响力如何测定等都是十分值得探讨的问题。这一领域的量化研究成果对争取国家对汉语国际传播事业的投入将产生积极作用。

六是汉语国际传播典型个案研究。汉语在世界各国的传播模式各具特色，传播效果有所不同，及时总结不同个案的经验与教训，对其他国家和地区的汉语传播有借鉴意义。

七是汉语国际传播的有关标准研究。标准对一个国家或地区的汉语传播来说十分重要，没有标准，无所适从，要制定标准，就必须科学规范。因此，有必要开展适合不同国家和地区的各种汉语教学相关标准研究，如汉语教师标准、不同阶段的汉语课程标准和汉语能力标准、汉语教学大纲、汉语水平测试等方面的研究。

八是汉语国际传播的项目评估体系研究。项目评估有利于确保项目效益，汉语国际传播项目众多，有必要研发相应的指标体系，用于有关项目的评估，以确保汉语国际传播项目的效益。如孔子学院评估指标体系，志愿者及公派汉语教师的离任考评指标体系等。

九是现代教育技术与汉语国际传播研究。汉语国际传播必须与现代教育技术紧密结合，汉语和中华文化教学的多媒体化已非常普及，中国汉语教学技术产品的本土化、网络汉语教学、广播汉语教学、电视汉语教学等相关课题非常有研究和应用价值，对汉语国际传播将产生巨大的推动作用。

十是汉语国际传播史的研究。据张西平教授的观点，汉语和汉字在域外的传播始于商末周初①，对几千年的汉语国际传播史的研究既具有很好的学术价值，又为我们揭开了一幅汉语走向世界的历史画卷，将激励更多的汉语教学工作者投身到汉语国际传播事业，并增强其自豪感和使命感。

结　语

汉语走向世界既是中国发展的必然结果，也是中国和世界的共同需要。汉语教学已经从中国国内转到世界各地的今天，建立国际汉语教学学科已显得非常迫切。然而，长期以来，由于汉语教学主要在国内开展，人们的研究主要集中在对外汉语教学领域，甚至相当一部分研究属于汉语本体研究，与目前国际汉语教学需求和汉语国际传播形势存在较大差距。在对外汉语教学时代快速转型为国际汉语教学时代的今天，我们的学科需要与时俱进，更多地研究世界各地与汉语教学相关的各种问题，"国际汉语教学"这一名称既能反映汉语走向世界的时代特征，又能涵盖当前和未来相当长一个时期的学科内涵，同时还能为学科发展拓展更广阔的学术空间，且学术界已普遍习惯并广泛使用。我们应该顺应时代的要求，使用"国际汉语教学"这一新的学科名称替代"对外汉语教学"这一传统的学科名称。全面启动国际汉语教学学科建设，加强汉语国际传播研究，推动汉语又好又快地走向世界。

① 张西平．在世界范围内书写中国学术与文化，《世界主要国家语言推广政策概览》，外语教学与研究出版社 2008 年 8 月版。

内容提要

随着国际汉语教学的持续升温，全球范围的汉语学习者不断增加。在这一形势的影响下，世界各国纷纷将汉语教学纳入基础教育的重要建设项目中，低龄学习者因而成为一个令人关注的群体。

美国的汉语教学有着较为深厚的传统，但以往学习者多为成年人。近几年，汉语教学逐渐成为美国小学最热门的外语课程之一，在美国存在着巨大的发展空间。全美开设汉语教学的小学越来越多，学习者达到了几十万。

然而受制于诸多因素，美国小学汉语教学领域的发展仍存在一定的忧患，主要表现在师资储备不足，相关研究也较为薄弱。在师资方面，美国小学汉语师资严重缺乏，且教学水平参差不齐，后续发展不容乐观。在理论方面，存在的问题有：1. 研究内容方面，诸如美国小学汉语教学的课程安排、内容设计、教学方法与课堂活动、教材教具设计、课堂管理、校内外教育资源的整合利用等方面的研究多散见于各类论文，几乎没有形成整合性的深入研究；2. 研究方法方面，目前已有的研究有相当一部分是基于文献梳理以及一般性的观察展开。至于通过田野调查、课堂观察、深度访谈、案例分析、对比分析等方式相结合进行的研究并不多见，因此实际的指导意义和可操作性有待提高。

基于上述原因，本书的两位作者通过文献分析、理论提升、田野调查、实地观察等诸多有效的研究方法，对美国小学汉语教学（主要是美国俄勒冈地区的汉语教学）展开了研究。本研究突出强调“美国小学”这一海外汉语教学的具体环境，借助较为充实丰富的调查材料，结合中美教学理念的诸多差异，对美国小学汉语教学进行了整合性的思考和构建。

全书分为三部分，第一部分是研究基础，包括绪论、相关研究综述及美国小学相关情况阐释。绪论部分阐述了全书的研究背景、研究思路、研究意义、研究方法及理论基础等；相关研究综述包括美国外语教育方面的研究、美国小学汉语教学方面的研究；相关情况阐释（即前端分析）探讨了美国小学的基本情况、美国小学教育理念、美国小学教师的特点以及美国小学学习者的特点；第二部分是研究主体，为美国小学汉语教学的重要研究内容，包括美国小学汉语教学的课程安排、内容设计、教学方法与课堂活动、教材教具设计、课堂管理及校内外教育资源的整合利用等；第三部分为讨论与思考，包括“其他国家小学汉语教学情况分析”“美国小学汉语师资培养问题的思考”以及“对美国小学汉语教学的整合性思考”。

本书为汉语国别化和低龄汉语学习者汉语教学的专门研究成果，也是第一部美国小学汉语教学专著，在一定程度上填补了相关研究的空白。希望本书在理论建设方面，能对今后相关课题的研究提供有益的启示；在课堂教学方面，能为提高美国小学汉语课堂教学的质量提供实际的帮助；在师资培养方面，为汉语国际教育硕士以及汉教硕士培养单位、赴美汉语教师、赴美汉语志愿者教师的培养提供一定的依据。

田艳主要负责本书的总体设计、研究框架的论证、研究步骤的安排、理论观点的梳理等。贺怡然主要负责在美国小学的实地调查、访谈和教学实践，并提供鲜活的案例及丰富的第一手资料。文稿的撰写、审核、定稿由两位作者共同完成。

目　　录

第一部分　研究基础

第二部分 研究主体

第三部分 讨论与思考

图表目录

第六章

第七章

第八章

第九章

第十章

第十一章

第一章　绪　论

第一节　研究背景和研究问题

一、研究背景

1. 国际汉语教学在全球迅速拓展

目前，中国融入全球化的程度越来越深，在经济、政治以及文化等方面的全球影响力全面提升，国家硬实力也随之提高，“国家硬实力是语言国际传播的决定性因素”①。随着中国对世界影响力及硬实力的不断增强，各国纷纷要求与中国建立各种合作与交流关系，汉语随之成为各国能够与中国进行深入交流的不可替代的媒介语。在这一背景下，近些年来全球学习汉语的需求和学习汉语的人数也大幅增加。

据了解，目前全世界共有 109 个国家、3000 多所高等学校开设了汉语课程。韩国有 200 余所大学开设了汉语课程，日本则有 200 万人正在学习汉语，而在东南亚地区及欧洲地区，学习汉语的人数及汉语教师的人数也在迅速增加。截止到 2016 年年末，全球五大洲 134 个国家共建立了 511 所孔子学院和 1073 个孔子课堂。② 有数

① 吴应辉：《国际汉语教学学科建设及汉语国际传播研究探讨》，《语言文字应用》，2010 年第 3 期。

② 见刘延东在 2016 年第 11 届全球孔子学院大会开幕式上的讲话。

据显示，全世界现在学习汉语的人数已经超过了 4000 万,[①] 很多国家的汉语学习者以 50%甚至翻番的速度增长。汉语的国际化程度最终取决于海外汉语教学的发展程度，取决于海外汉语教学的质量和效益，而海外汉语教学的发展则会推动国际汉语教学的全面发展。

可以说，目前全球汉语教学在学习群体方面，已经由国内转向了国外；在发展层次方面，由单一发展转向了多元发展；在发展深度方面，由普及推广转向了深入发展。

2. 各国低龄学习者的外语教学快速发展

20 世纪 90 年代以来，世界各国纷纷把开展外语教学看作提高国际竞争力、适应全球化经济发展、促进族群间相互理解和认同、提高全民国际意识的重要工具，并对外语课程给予了高度重视。[②] 因为 21 世纪是国家和民族之间相互融合的时代，学好外语是信息化时代和多元化社会的要求。因此，只有具备用外语获取信息能力的人才有可能持续发展。

与此同时，各国纷纷将外语教学纳入基础教育的建设中，学习者学习外语的年龄不断降低。多国学者通过研究发现，在小学阶段开设外语课程可以更好地利用儿童习得语言的天赋，而外语

---

① 参见吴应辉：《国际汉语教学学科建设及汉语国际传播研究探讨》，《语言文字应用》，2010 年第 3 期。另据国家汉办网站的信息，全球学习汉语的人数已经快速攀升至目前的 1 亿人，见 http：//www. hanban. org/article/2014-09/30/content_ 554786. htm。

② 20 世纪 90 年代以来，为适应时代发展的要求，日本试图从制度、课程、师资等方面全面深入地改革英语教学，制定了《小学校英语活动实践指南》，实行小、中、大学英语教学一条龙的教育体制；澳大利亚颁布了《国家语言政策》（National Policy of Language）和《澳大利亚学校策略亚洲语言研究》（The National Asian Languages and Studies in Australian Schools Strategies），这些政策对实施亚洲主要语言，如中文、日语、印尼语和韩语等外语教学的州立教育机构提供了各种资助；西班牙通过了政府法案，规定外语为核心课程和必修的学时数；欧洲语言政策委员会制定了《欧洲共同课程指南框架》（The Common European Framework of Reference）等一系列现代外语改革框架，提出了欧洲各国外语教学的共同目标。

教育的最佳年龄是 9 岁左右。[①] 因此在基础教育阶段教授外语，有助于学习者快速吸收所学外语知识，掌握相关外语技能，有利于学生今后全面适应信息时代的需要与发展，有助于学习者将来在多元化的社会中学会理解他人。

随着汉语在国际上的迅速推广以及汉语教学规模在全球的迅速拓展，汉语教学的对象也出现了低龄化的趋势。“汉语教学已不仅限于大学里的精英，越来越多的中小学也开设了汉语课程。”[②] 中国国家汉办前主任许琳表示，进入 21 世纪，世界各国教育改革的目标都是鼓励下一代更好地适应未来的经济和社会发展。作为世界公民，应该接受每一种文化的存在，并且通过语言学习，了解世界各国的文化。[③]

3. 美国小学汉语教学受到关注

美国的汉语教学开展得比较早，近些年美国的汉语教学更是得到了全面发展。汉语属于联邦政府所认定的“至关重要的语言”，“9·11”事件以后，美国政府把阿拉伯语、汉语等几种语言列为关键语言，设立特别的奖学金鼓励学生学习这两种语言。2010 年，第三届“全美汉语大会”召开，大会的主题是“学习汉语、放眼全球”。美国副国务卿麦克黑尔在讲话中指出，汉语教育的作用不仅在于对国际化人才的培养，其影响还延伸到中美关系的大局中。完全依靠外交官处理外交关系的日子早已过去，中美两国必须扩大民间交流，而推广汉语教育对实现这一目标起着关

① 严雪红：《20 世纪 90 年代以来美国中小学外语课程改革的特点及其启示》，《教育与教学研究》，2011 年第 4 期。

② 田艳：《国际汉语课堂教学研究——课堂组织与设计》，北京：中央民族大学出版社，2010 年。

③ 引自报道《第三届全美汉语大会在华盛顿举行》，《世界汉语教学学会通讯》，2010 年第 3 期。

键作用。[①]

在这一大背景的影响下，美国低龄汉语学习者群体也发展较为迅速。自 1988 年汉语教学在中小学逐渐推广以后，美国学习汉语的中小学人数增长迅速。1994 年，美国大学理事会在为美国高中生举办的专科考试中增加了 SATII 中文测试这个项目，并将这一成绩作为申请大学的一项资格。该考试的出现是美国汉语教学史上的一座里程碑。2003 年，美国大学理事会得到了中国国家汉办的资助，决定增加 AP 中文项目。[②] 随着 AP 中文的出现，全美各地中小学都纷纷设立汉语课程，开设汉语的小学也越来越多。[③]

以美国商业经济发达的芝加哥为例，在当地适龄学习者的父母积极要求教育部门所开设的外语课程中，汉语居第一位。因为中国这几年的经济发展使很多家长看到，如果孩子能够掌握汉语，将来找工作就能够利用这个语言的优势。[④] 目前，美国有相当数量的州开始提倡从幼儿园到高中连续设置世界外语课程。以俄亥俄州和科罗拉多州为例，这两个州从 2002 年起在所有地区从幼儿园起就开设外语课程。[⑤] 一些州还通过立法以保障汉语教学在中小学

---

① 《第三届全美汉语大会在华盛顿举行》，《世界汉语教学学会通讯》，2010 年第 3 期。

② 美国公立高中中文大学学分先修课，简称 AP 中文，即 Advanced Placement。

③ 姚道中：《美国汉语教学的走势》，《世界汉语教学学会通讯》，2009 年第 2 期。

④ 芝加哥计划从幼儿园到高中实施“全方位汉语教学”的目标，提出在幼儿园到高三（高四）所涵盖的内容中，应该融入更多的有关中国和东亚的知识。把汉语教学融入常规的教学课程大纲中来，并提升芝加哥作为国际大都市以及美中商贸和文化交流枢纽的形象。

⑤ 作为美国外语教学中的重要组成部分，美国汉语教学受到了非常多的关注。美国政府早在 2006 年便将汉语列入“关键语言”，并在 2007 年以落实“国家安全语言法案”的形式，在全美各地陆续开展“星谈计划”，从而推进了美国从学前班到大学水平的汉语教学。见张静静、牛端：《美国中小学中文教学的现状、问题及发展趋势》，《外国中小学教育》，2012 年第 2 期。

的合法教学地位，如俄勒冈州、犹他州等。[①] 据美国应用语言学会（CAL）的数据统计，“美国开设汉语课程的中小学数量已从 2004 年的 220 所，增加到 4000 多所。”[②③] 2010 年，美国开设汉语课程的小学数量已经超过了德语，仅次于西班牙语、法语和拉丁语，位居第四。

由此可见，近些年美国中小学的汉语教学得到了飞跃式的发展，学习汉语的学生人数正以几何倍数增长。据亚洲学会（Asia Society）的报告估算，2015 年，美国中小学生学习汉语的人数会达到 75 万。

4. 美国小学汉语师资严重短缺

随着汉语进入美国基础教育体系，中小学对汉语教师的需求量也越来越大。以芝加哥为例，该地区从 1999 年开始从幼儿园一直到高三，有的学校到高四都在开办“全方位汉语教学”。全州选修汉语的学生达 6000 人，不过全职的汉语老师只有 38 位。[④]

（1）美国小学汉语教师来源

目前，美国小学汉语师资短缺和教学水平参差不齐的问题较为突出。

美国的汉语教师主要有三个来源：一、美国本土汉语教师；二、从中国派出的汉语教师；三、国家汉办等机构派往国外的汉

---

① 2010 年 2 月 19 日，俄勒冈州参众两院均以高票通过在本州公立中小学开展汉语教学的提案，这是全美第一个以州立法形式推动汉语教学的典范。此外，北卡罗来纳州也在 2013 年前在全州实现从东部沿海到西部山区，从幼儿园到高中教育汉语的全面覆盖。

② 张瑾：《美国主流学校中的中文教育》，《福建论坛》（人文社会科学版），2010 专刊。

③ 汉办官网新闻中心：2010“汉语桥——美国中小学校长访华之旅：迈出新步”搭建中美文化直通车，http://www.chinese.cn/college/newsexpress/article/2010-06/24/content_263930.htm.

④ 蔡芳沛：《现状与发展趋势——美国汉语教学讲习班特刊》，《世界汉语教学学会通讯》，2013 年第 4 期。

语志愿者。

美国本土汉语教师主要有两个来源：一部分是美国土生土长的汉语教师，以华裔居多；另一部分是大陆赴美留学后在当地取得身份和国籍的汉语教师。本土汉语教师对美国的教育背景较为了解，不过专业基础和来源较为复杂。近些年，中国大陆赴美留学后在美国从事汉语教学的教师数量逐步增加。在这些汉语教师中，有的教师拥有较高的学历，但是其中有相当一部分为非汉语教学专业背景；还有的教师专业背景较好，但是缺乏一线教学实践经验，特别是缺乏对美国小学生的汉语教学经验和专业能力。① 因此，相当多的美国本土小学汉语教师不完全具备美国小学情境下开展汉语教学所需要的专业知识、教学方法和教学经验。②

从中国派去的教师也存在一些问题。首先，美国小学通过校际交流渠道引进的中国汉语教师数量极为有限，每年不过几百人，这一数量远远不能满足蓬勃发展的美国小学汉语教学市场的需求。其次，从中国派去的汉语教师虽然在中国国内具有一定的对外汉语教学经验，不过相当一部分教师是在国内的大学进行汉语教学，多年来形成了较为固定的、面向成人的教学方法和教学模式。不少教师对美国小学教育的理论储备不足，对于低龄学习者的汉语教学缺乏系统的认识，对于美国小学汉语教学缺乏实际的教学经验及教学管理经验。加上身处海外教学环境，需要面对各种跨文化交际的挑战，所以从中国派去的汉语教师已有的教学经验和能

① 王宇：《汉语国际推广要突出可持续性》，《光明日报》，2009年1月7日10版。

② 有学者以国家汉办2006年在美国培训的304名教师的反馈信息为样本，分别从学历及专业背景、教学经历及职能状况等方面对包括美国在内的九个国家的汉语师资进行调查。结果发现，美国教师的平均学历居第二位，其中硕、博士占50.3%、华人比例高达98.3%，居第一位，说明华人是中文教师的主体。在专业背景与中文教学相关度方面，美国则排名最后，即51.6%的教师所学专业与中文、教育、第二语言教育或其他语言及文学无关。可以看出，美国汉语教师普遍学能比较强，而汉语言、文化知识相对薄弱。见张英：《AP中文5-C目标与师资培训》，载程爱民、何文潮、牟岭主编：《对美汉语教学论集》，北京：外语教学与研究出版社，2007年。

力，并不足以使其完全胜任美国小学的汉语教学工作。

国家汉办等机构派往国外的汉语志愿者教师近些年可以视作美国小学汉语教师中的新鲜血液。不过尽管这些教师去美国赴任前都要接受一段时间（1~3 个月）的专业强化培训，但他们普遍认为自己非常缺乏课堂组织和设计的能力，也急需实际的教学经验，特别是针对美国小学情境的汉语教学能力。同时这些教师由于年龄普遍较小，因此对于海外复杂情境下的教学往往需要一段时日才能完全适应。

（2）“输入型”美国小学汉语教师本土适应出现问题①

由于文化背景和教育理念方面与东道国存在很大差异，一些从国内赴美工作的教师也出现较难快速适应美国课堂环境的情况，一个突出的表现就是在课堂教学方法上略显严肃刻板。另外，文化背景和理念上的不兼容也时有发生，这种情况在国内的对外汉语教学中是很少能够遇到的。正如许嘉璐所说：“我们习惯于在中国教外国人学汉语，对在人家母语的环境中教学还不熟悉，把在国内的一套搬出去，往往行不通。根据需求、学习者的环境采取多种的方式，针对不同年龄的特点进行教学，我想可以降低它的难度。目前我们还没有摆脱汉语难学而又难教的旧观念。”② 我们认为，这段话很值得思考。

面对美国小学汉语教学巨大的市场需求及其特殊性，如何在短时期内培养出能够胜任美国小学汉语教学的教师人才，已成为美国汉语教学界最近几年的主要挑战，③ 也是本研究的一个非常关注的问题。

---

① 有学者将汉语教师分为“本土型”和“输入型”两大类。本土型汉语教师即为本土汉语教师，而输入型教师为从国外派去的教师。

② 许嘉璐在接受《汉语世界》2006 年创刊号专访时谈到了这一点。见《汉语世界》2006 年创刊号《人类的文化是多元的，世界的未来是和谐的》。

③ 陈东东：《美国的中文教学：从小语种发展到关键语言》，《汉语国际传播研究》，2011 年第 3 期。

5. 相关研究较为零散、缺乏系统

详见第二章“相关研究综述”。

二、研究思路和研究内容

本研究运用多种研究方法，对美国小学汉语教学的相关问题进行全面的研究。本研究经过“理论梳理”“相关情况阐释”（即“前端分析”）“分项研究”“讨论思考”几个步骤，最后形成一个整合性的研究。

具体研究思路框架，如图 1-1 所示。

理论梳理 → 前端分析 → 分项研究 → 讨论思考

图 1-1　本书研究思路

表 1-1　本书研究步骤与研究内容

研究步骤	研究内容
理论梳理	研究背景、研究思路、研究意义、研究方法、研究综述、理论基础等
前端分析	美国小学基本情况、美国小学教育理念、美国小学教师特点、美国小学学习者特点
分项研究	围绕美国小学汉语教学的方方面面展开，包括课程安排、内容设计、教学方法与课堂活动、教材教具设计、课堂管理、校内外汉语教育资源整合利用等
讨论思考	其他国家小学汉语教学情况分析、美国小学汉语教学师资培养问题的思考、美国小学汉语教学的整合性思考

第二节　研究方法

以往学界对于美国小学汉语教学的研究有相当一部分是基于文献梳理以及一般性的观察展开。至于通过田野调查、课堂观察、深度访谈、案例分析、对比分析等方法对美国小学汉语教学进行的整合性研究则并不多见。本研究综合运用多种研究方法针对美国小学汉语教学展开深入研究。

一、文献资料分析法

文献资料分析法是对资料进行收集、整理与分析的方法。本研究围绕美国小学汉语教学这一领域，对相关资料进行检索、收集、整理及分析，总结前人对该领域研究的成果和不足，为本书的研究找到立足点与创新点。

本研究的文献资料主要包括以下几个方面：海外小学汉语教学方面的文献、美国外语教育方面的文献、美国小学汉语教学方面的文献以及通过实地调查所获得的各类教学资料。

二、全球视野借鉴法

全球视野借鉴法强调全球视野下国家之间、区域之间、不同文化背景之下、不同语言背景之下汉语教学的借鉴与启示。[①]

本研究紧密结合美国小学教学情境下的理念、制度，同时积极借鉴一些其他国家（如韩国、英国等国）小学汉语教学的相关理论和实践经验，以期更加全面深入地探讨美国小学汉语教学的诸多问题。

三、实地田野体验法

实地田野体验法包括田野调查和亲身体验。

田野调查。田野调查（field work）是借用的人类学术语，指的是研究者亲自到研究区域对研究对象进行深入细致的实地调查。[②] 本书作者之一田艳于 2012 年、2013 年两次赴美国东部和西

① 田艳：《汉语国际传播背景下泰国汉字教学研究》，北京：中央民族大学出版社，2015 年。

② 庄孔韶：《教育人类学》，哈尔滨：黑龙江教育出版社，1989 年。

部进行学术交流，与当地中小学教育管理者、汉语教师进行了较为深入的接触，同时参观了多所学校、孔子学院及孔子课堂，并参加了学校和当地社区组织的文化活动。本书的另一位作者贺怡然（以下称小怡老师）于2013年9月至2014年2月在美国俄勒冈大学进行教育学专业研修学习，同时在当地公立小学进行全日制汉语教学工作和教学管理工作6个月，其间亲自深入调查了俄勒冈地区10所小学，[①] 对每个学校的教学环境、教育特色、软硬件设施以及汉语教学情况进行了详细的观察和记录，收集了大量教学案例、教学实物材料、教师反思日志等。

亲身体验。亲身体验要求研究者对所参与的工作进行较长时间的体验。小怡老师在美工作期间，以一线教师的身份直接参与了美国小学的全日制汉语教学工作及教学管理工作，获得了较为深入的体验。书中有不少案例也是基于她对自己课堂的观察和反思。

四、访谈调查研究法

访谈调查研究法是指通过与研究对象交谈收集所需资料的调查方法。访谈是一种有目的、有计划、有准备的研究性谈话，谈话的过程紧紧围绕着研究的主题展开，以此了解调查对象的行为或态度，最终达到调查目的。

本研究中的访谈调查主要是小怡老师在美国期间进行的。小怡老师在美国进行汉语教学期间，对美国10所小学的20位汉语（实习）教师进行了多角度的跟踪调查，并且以访谈的方式了解这些汉语教师的工作体会和经验。同时对美国小学的学生、教师、

① 这10所学校中的7所处在尤金学区，3所处于春田学区，其中大部分学校分布较集中，这10所美国小学的地理分布情况见书后附图1、附图2。这10所美国小学的平均规模为400人，这些美国小学开设汉语课的主要目的是希望通过开设汉语课来丰富校园文化氛围，开阔学生的国际视野，打造学校宣传亮点。

校长和家长也进行了较全面的调查和访谈。① 此后，本书的两位作者又通过电子邮件、微信等形式，对一些在美进行汉语教学的老师进行了调查访谈。

五、案例分析研究法

案例分析研究法是通过实地调查等手段收集汉语教学中出现的真实、鲜活的问题、事件，将其作为案例进行分析、思考，从而更好地解决问题的研究方法。小怡老师在美教学期间收集了大量的案例，尽可能全面、深入地呈现美国小学汉语教学的真实情境，进而提出切实的解决问题的方法。

本研究的具体调查情况见表 1-2。

表 1-2　本研究调查情况一览表

类别	分类	具体内容
田野调查	教学活动观察	本书作者在美参观了二十余所各类学校、调查访谈了十余所学校。小怡老师还观摩了美国 28 个班级近 30 个小时的课堂教学，其中包括 12 小时汉语课程观摩和 2 小时意大利语课程观摩、2 小时西班牙语课程观摩和 1 小时法语课程观摩
	文化活动观摩	两位作者在美观摩、参与体验了十余次校内外文化活动

① 小怡老师在美国的工作主要依托美国俄勒冈大学的国际教育实习项目（Oregon International Internship Program，简称 OIIP），这个实习项目由俄勒冈大学的第二语言研究中心（Center for Applied Second Language Studies）主办，每年两期，项目招收对象为国内各大高校攻读汉语国际教育专业或教育学相关专业的在读本科生或研究生，每期招收十几名学生。项目的目标和宗旨是：1. 提高项目参与者英语语言交流能力；2. 深入了解美国教学理论及实践，学会如何用英文教授美国中小学学生专业课程（如数学、艺术）等；3. 接受美国教育界、语言教学界知名专家的直接指导，了解该领域最新的教育理念及热门专业的发展趋势。项目包括中小学实习以及修读大学课程。参加项目的每个成员都会被分配到不同的中小学进行实习，并在俄勒冈大学参与专家讲座，修读教学法和跨文化交际两门课程。

续表

类别	分类	具体内容
田野调查	案例收集活动	小怡老师广泛地收集教学案例。不同的案例反映出不同的教学或管理的需求，对本研究的深入探讨起到了积极的作用并提供了可靠的依据
	教学实物收集	收集了美国小学的教具、学具、教案、教室环境等实物和图片
	教师日志收集	收集了很多教师的日志与反思
亲身体验	小怡老师进行了 50 小时的汉语教学工作及 40 小时的教学管理工作	
访谈调查	小怡老师在美国期间对美国小学汉语教师、家长等进行了访谈；两位作者后期又通过邮件、微信等进行了访谈	

第三节　研究理论基础

一、国别化语言教学理论

进入 21 世纪，面向全球学习者的汉语作为第二语言教学已经实现了诸多转变：从对外汉语教学向全方位汉语国际推广转变，从“请进来”学汉语向同时加大汉语“走出去”的转变力度，从专业汉语教学向大众化、普及型、应用型教学转变。可以说，国际汉语教学时代已经来临，国际汉语教学学科正在形成。随着这一学科的逐步建立，有关学者开始对汉语教学的国别化问题进行研究，如王若江（2003）、吴应辉（2010）、李如龙（2012）等学者纷纷提出，在不同的国家教授汉语，其学习群体、教学环境等都存在诸多差异，因此应在教学大纲、教材教法、教材编写等方面采取相应的具体措施，即采取国别化的应对措施。

国别化汉语教学理论的提出是顺应汉语教学的发展方向而产生的，是基于面向来华留学生与国外汉语学习者的诸多差异而产生的。国别化差异表现在：

1. 教学对象的特点有所不同。在年龄层次方面，来华留学生多以成人学习者居多，而国外汉语学习者年龄跨度很大，且向低龄化转变；在学习动机方面，来华学习者有着较强的动机，不少人未来在该领域深造或者谋求运用汉语进行职业发展。

2. 课程安排和学习时间有所不同。来华留学生学习时间较为集中，学习时长也是国外汉语学习者无法相比的，课程安排也已经形成了稳定的模式；而国外的汉语教学有时在课程和学习时间方面无法做到体系化、规范化。

3. 学习条件和学习环境有所不同。来华留学生的汉语学习条件和学习环境较为优越，且不缺乏真实的交际活动场所；而国外的汉语教学环境则较为封闭，缺乏真实的语言环境和交际人群。

4. 汉语师资情况有所不同。来华留学生的汉语教学多在高校或正规的教育机构开展，汉语师资相对充足、正规；而国外受过正规培训的汉语教学师资则相当匮乏，且水平参差不齐。

基于上述原因，汉语教学的国别化要在以下几个方面予以重视。

1. 在课程安排方面，针对不同的区域和具有差异化的学习者，课程设置不宜过于专业化、正规化。力争在相对零散、分散的课程安排中体现汉语教学的规律。

2. 在教学大纲、教学内容方面，不宜一味追求全面、系统，应结合当地的教育环境，根据教学时长及学习者的年龄特点，合理制定教学大纲和教学内容。

3. 在教学方法和教学活动方面，应该根据不同区域学习者的学习习惯、学习策略等，制定灵活多样的教学方法，设计丰富多样的教学活动。

4. 在教材编写方面，来华留学生的教材可多从汉语教学本身的系统性出发，而国外的汉语教材编写则要体现所在国、所在地及教学对象的需要和喜好。

国别化思想正是体现了当今汉语教学的全球适应性、对象针对性及民众可接受性，是国际汉语教学向纵深发展的重要理论基础。

二、儿童语言习得理论

近些年，少儿语言习得受到了关注。国外学者对这一领域的研究开展较早，形成了较为深入的理论。国内学者近些年也开始关注少儿语言习得问题。关注母语儿童习得的有李宇明（1995）《儿童语言习得与发展》、周有光（1998）《儿童语言习得理论的若干问题》、杨旭（2013）《儿童语言习得两大理论研究范式述评》等。国内学界在儿童第二语言习得方面的研究也十分丰富，如宋亚昆（2004）《儿童与成人第二语言习得比较及儿童第二语言教学》、徐兴详（2004）《论儿童第二语言习得》、温亚茹（2008）《试论儿童第二语言学习的规律与特点》、冯志娟及石瑛（2009）《第二语言习得教学研究——基于少儿第二语言学习分析》、张蕾（2012）《儿童母语习得与第二语言习得的比较研究》、胥兴春及胡月（2014）《国外儿童第二语言习得研究述评及展望》、朱玉华（2014）《浅议儿童认知理论在少儿外语教学中的应用》等文章从社会因素、学习策略等方面，对少儿第二语言习得的规律进行了研究。

在儿童第二语言习得理论中，最重要的是关键期假说理论（Critical Period Hypothesis，简称 CPH）。关于少儿在进行第二语言学习时与成年人相比是否具有优势以及这些优势产生原因的研究和假说有很多。较早的语言关键期假说认为，5 岁是开始学习外语的最佳年龄，年纪越大，学习第二语言就应该越困难，越容易以母语的习惯潜意识中抵制第二语的习得。在大脑的侧化（lateralization）过程完成以后，第二语言的学习效果几乎无法达到母语水平。支持这一观点的学者有 Erasmus、Lenneberg、Chomsky 等；也有学者认为，第二语言的语言临界期一般在 11~12 岁，这个年龄段的儿童更容易获得纯正的第二语言发音。还有学者认为，大脑神经可塑性的变化是一个逐渐过程，并不会像关键期假说所描述的那样发生突然的变化，因此，少儿学习第二语言的敏感性的变化应该是逐渐发生的。尽管各家对于关键期假说看法不尽一致，但从另一个角度可以看出，儿童第二语言习得是一件很值得关注的事情。

学界对于儿童第二语言习得的理论还拓展到对儿童认知发展的影响。近些年，越来越多的研究支持早期双语习得对儿童认知发展具有积极影响这一观点。儿童第二语言习得对于认知发展的促进作用主要体现在他们在执行功能方面的优势上。相对于同龄的单语儿童，习得第二语言的儿童在执行功能方面的发展表现出很大的优势，这一优势甚至会持续到这些学习者的成年阶段。

儿童习得第二语言也会促进他们对于目标语的文化认知和文化理解。儿童早期习得第二语言会促进他们在社会和情感上更好地吸收目的语文化，尽快融入目的语人群，并获得良好的文化理解力。

三、儿童心理学理论

儿童时期不仅是生理逐渐发育成熟的阶段，也是心理状况最为复杂多变的阶段。这一时期的学习者在学习第二语言的过程中，学习效果也必然会受到诸如心理因素、情感因素的影响。国外学者关于儿童心理学的理论研究也较为成熟。近些年，国内有关儿童心理特点的理论研究也很多，张雪梅（2002）《从幼儿心理特点谈开发幼儿创造潜能的途径》、胡志岩（2009）《结合小学生心理特点进行英语教学》、李艳（2013）《从幼儿心理特点看未来幼儿教育》等文章都谈到了要根据儿童的心理特点来进行教学。

一般来讲，儿童对于周围的人和事物总是抱有强烈的好奇心，儿童是通过自发、主动的活动而学习概念、培养兴趣和发展才能的，这也就是皮亚杰所说的“主动学习观”。对于儿童来说，真正的学习是自发、主动的学习，因此教育中应该充分利用儿童的这一心理特点。开展第二语言的初始阶段，应选择学习者感兴趣的话题，因为这些话题不但更容易激发少儿学习的兴趣和欲望，也更易于被少儿们认知和表达。

除了独特的心理特点以外，会对儿童第二语言学习造成影响的还有少儿的情感因素。少儿学习者具有较强的参与交往意识，在学习方面常处于无意识状态，压力较小，受到外界评价的影响也较少。因此少儿在学习第二语言的过程中，不会有太多的情感负担，并且会较少担心出错，且更加乐于使用第二语言进行表达，这无疑对于第二语言的学习来说是十分重要的。

不过由于儿童毕竟处于智力发展最快的成长阶段，因此感知觉的敏锐性还没有达到最佳，短时记忆力还可以，但发展的稳定性还有待提高。他们对具体直观的事物具有强烈可感的印象，对复杂抽象的事物缺少兴趣和分析能力。可见，儿童学习内容的设置不宜过于复杂，一次性过多的教学内容会让少儿们认识和记忆起来有困难，同时也会打击他们学习语言的兴趣和积极性，削弱他们主动学习的动机。至于更为复杂的学习内容，可以等待他们在一段时间的学习后，语言水平和认知记忆能力都有了一定的提高以后再进行。

因此，在少儿的第二语言教学的过程中，应当充分利用他们在这一时期的情感心理特点，为他们提供最佳的使用第二语言进行表达的机会，引导并帮助他们形成良好的语言习惯。

第四节　研究意义和创新点

一、研究意义

1. 对美国小学汉语教学领域诸多问题提出有益思考

本研究对美国小学汉语教学领域的一些关键问题，如课程安排、内容设计、教学方法与课堂活动、教材教具设计、课堂管理、校内外教育资源的整合利用等问题提出了有益的思考。

2. 对美国小学汉语教师的培养提出启示

本研究对美国小学汉语教师的培养具有较为重要的意义。研究成果可以为汉语国际教育硕士、赴美公派教师及汉语志愿者教师应对美国小学汉语教学的具体情况提供一些有益的启示，为他们在美国小学进行教学提供职场能力和实践经验方面的指导。

3. 为海外低龄学习者的汉语教学提供启示和借鉴

目前，低龄汉语学习者逐渐成为海外汉语教学的主流，有关这类学习群体的汉语教学也成为学界关注的重点。对美国小学汉语教学的研究有助于在一定程度上带动海外其他国家低龄学习者汉语教学的发展。

二、研究创新点

1. 研究内容：对美国小学汉语教学领域进行整合性研究

以往有关美国小学汉语教学的相关研究较为零散、缺乏系统。本研究希望能对该领域进行一个较为系统的整合性研究。

2. 研究方法：深入美国小学汉语课堂进行实地调查

本研究以实地田野调查的方式对美国小学汉语教学进行深入调查，并获得全面深入的理解。实地田野调查中进行了一定的调查访谈，获得了诸多第一手资料，如教学日志、课堂观察、教学实物材料等。

第二章　相关研究综述

第一节　美国外语教育方面的研究

一、美国方面的研究

1. 有关《21 世纪外语学习标准》的内涵

1993 年起，美国外语教学委员会（American Commission on Teaching of Foreign Language，简称 ACTFL）成立了“全国外语教育目标课题组”。1996 年，该课题组编制了《面向 21 世纪外语学习标准》(Standards for Foreign Language Learning: Preparing for the 21st Century)。3 年后，课题组对这一标准进行了修改，于 1999 年颁布了《21 世纪外语学习标准》（Standards for Foreign Language: Learning in the 21st Century）（以下简称《标准》）。《标准》主张实行幼、小、中、大学外语教学“一条龙”的体制，它不仅适用于从幼儿园到 12 年级的外语教学，而且适用于大学外语教学，但重点还是中小学外语教学。《标准》明确提出：美国必须培养出能在国内外多元化社会中语言和文化两方面均能成功交际的学生；外语教育应当实现五个目标：运用外语交际（communication）、获取知识并体验多元文化（cultures）、贯穿其他学科获取信息（connections）、比较并洞察语言与文化特征（comparisons）和参加国内外多元社区（communities）即 5C。[①]这五个目标是不可分割的，它们相互影响，相互促进，共同构成了美国外语学习的总目标。

《标准》在一定程度上为各州外语课程的开发与改革提供了重要的参照，为美国中小学外语教学大纲的制定和课堂教学实践提供了不可或缺的依据。教师可依据此标准评估自身的教学质量，并作为向家长和学区报告学习结果的参考；家长可以对照该标准，检验自己子女的学习情况；学生也可以对比该标准了解自己的学习状况等。美国是一个联邦制国家，各州的行政、司法和教育管理相对独立，出台国家级的课程标准，足见其对外语教育的重视程度。

《标准》被称为美国 21 世纪外语教育改革的“指导方针”。在该标准的指导下，美国外语课程进行了全面的改革，主要内容包括：增加美国外语语种；使交际法在外语教学法中占主要地位：课程标准评价力求科学化、系统化；外语教学安排力求灵活多样；重视外语教师的发展；广泛运用现代化教学手段等。

可以说，《标准》充分体现了21世纪美国基础教育阶段外语教学的新趋势，给美国外语教学界带来了深刻的影响。但是应当指出的是，该标准只是美国外语课程的基本目标和要求，是框架性的衡量基准，各州可以根据此目标进一步制定自身的标准。

---

① 交际：即用英语之外的其他语言进行交流，要求学生达到使用外语参与对话、提供和获得信息、表达感觉和情感、交流思想的交际能力；能听懂和翻译各种话题的书面和口头语言；能就广泛的话题与听众和读者很好地交流信息、观念和思想。文化：认识和理解其他文化知识，如了解其他文化与所反映的观念之间的关系；理解其他文化的表现形式与所表达的观念之间的关系等；能获得并且了解目的语文化的知识。连贯：学习外语应与学习其他学科连贯起来，以便获得相关的信息和知识；学生应该通过外国语言及其文化获得信息，并且通过现有信息得出明确的观点。比较：通过多元文化的比较，培养对所学语言的文化本质的洞察力；通过比较所学语言与本国语言能真正理解语言的本质；通过比较目的语文化和本国文化达到能理解文化的概念。社区：应用所掌握的外语参与国内外的多种语言文化社区活动。学生在学校内外都能顺畅地使用外语，把学习外语当作寻求乐趣和充实自我的手段，使学生积极地成为终身的外语学习者。

2. 外语教育方面的具体研究

这方面的研究不在少数，限于篇幅，此处仅举例介绍其中的几项研究。

1）关于美国外语课程标准的研究

萨利·马格纳恩（Sally Magnan）在《重新审视国家外语教育标准的顺序》（Reexamining the Order of the National Standards for Foreign Language Education）一文中指出，在过去的这十年中，《21世纪外语学习标准》一直被用来作为外语教学的目标。《标准》中提出的5项标准是有等级顺序的，即：①交际；②文化；③连贯；④比较；⑤社区。从社会文化理论和社区实践的概念出发，作者认为在这5个标准中，社区是最基本的概念。

舒尔茨·雷娜特（Renate A. Schulz）在《美国外语教育：趋势和挑战》（For Language Education in the United States：Trends and Challenges）一文中简要回顾了美国外语教育的历史背景，指出在颁布《21世纪外语学习标准》之前，美国的外语教育政策、外语课程标准都很不健全，尤其是没有系统的课程评估体系。

2）关于美国外语教学的研究

卢辛达·莱纳曼（Lucinda Uranaman）和南希·罗兹（Nancy Rhodes）进行了一项关于美国中小学外语教学的全国性调查（Foreign Language Instruction in the United States：A National Survey of Elementary and Secondary Schools），抽取了6%的美国公立以及私立中小学来进行问卷调查。研究发现，美国开设外语教学学校的数量急剧增加，学习外语课程的学生人数也在增加。研究者还对美国中小学外语课程标准、外语教学材料、外语教师资格以及入职培训、外语教学评估标准等进行了详细的分析研究。

3）关于美国外语课程改革的研究

20世纪90年代以来，美国中小学教育经历了一系列以切实提高学校教育的质量与效益为主导的改革。

舒尔茨·雷娜特（Renate A. Schulz）在《外语教学和课程》（Foreign Language Instruction and Curriculum）中对美国外语发展的历史背景进行了简单介绍，并对近二十年来的外语教学和课程的发展现状进行了详细分析和讨论，包括对美国外语课程改革之后的外语教学重点、外语课程的每日时长、外语学习策略及外语学习意义等进行了评论。

二、中国方面的研究

中国学者的研究包括对美国外语教学标准的分析、美国中小学外语教学对中国外语教学的启示等，这类文章有几十篇，现重点选取一些予以梳理。

李正栓、索磊（2003）在《美国外语教学模式给我们的启示》一文中，从外语教学的地位、课程设置、教学模式、教学评估及师资培训等方面对中美外语教学进行了分析。

董晓波（2005）在《谈美国中小学外语改革对我国外语教育的启示》一文中，归纳了美国中小学外语课程改革的特点：具有灵活性；与时俱进，以满足美国政治、经济、文化以及国际交往的需要为己任等。

罗青松（2006）在《美国<21 世纪外语学习标准>评析—兼谈<全美中小学中文学习目标>的作用与影响》一文中对《21 世纪外语学习标准》进行了评述，并探讨了该标准对美国中小学汉语教学的影响。

王添淼、李伟言（2006）在《美国 K-12 教育中国家外语教育目标述评》中对《21 世纪外语学习标准》所阐述的 9 个外语学习目标进行了述评。

肖建芳和丁俊华（2007）在《中美两国当前外语课程标准比较研究》中，对中美两国外语课程标准的理念、主要内容以及标准的实施情况等内容进行了比较分析，指出美国教育界和外语界颁布的以“5C”为主要内容的《21世纪外语学习标准》给美国外语教育改革带来了质的改变。

周芬（2009）在《中国英语课标与美国外语学习标准的比较研究》中，分析了中美两国课标的共性和差异性。文章介绍了美国的外语课程观、美国外语教学的价值取向及“人本”内涵。

焦亚新（2012）在《当代美国对外英语教育研究》一文中分析了美国对外英语教育发展的历程，对比了中美两国在对外语言教育发展中的异同点，从而达到了对中国对外汉语教育借鉴的目的。

这些文献从各个角度对美国外语教育的发展进行了深入的研究，不仅涵盖了美国教学界权威的教学纲领、评估标准、课改历程，同时分析了中国学者在中美外语教育比较中得到的启发与借鉴意义，对本书的写作具有较大的启示。

第二节　美国小学汉语教学方面的研究

目前关于美国小学汉语教学的研究主要集中在探讨汉语教学宏观情况和汉语课堂教学这两个方面。值得注意的是，对美国小学汉语教学的探讨常与美国中学汉语教学的分析结合起来进行。

一、宏观角度的研究

从宏观角度来看，有关美国中小学汉语教学现状的研究主要涉及汉语教学标准分析、汉语教学资源情况以及对汉语教学的展望等方面。

史昆（2008）在《美国中小学中文教育的机遇与挑战》一文中从“挑战”和“机遇”两方面，分析了美国中小学汉语教学的现状和问题，并提出了合理的建议；张治国（2009）的《从美国报纸透视美国中小学的汉语教育》介绍了美国中小学汉语教育的现状，分析了美国中小学出现“汉语热”的原因；陆野（2011）的《从认知发展理论看美国儿童汉语教学》一文从皮亚杰的认知发展理论与儿童第二语言习得的角度出发，探讨了美国儿童汉语教学策略和教师应具备的素质；李亚利（2010）在《中美中小学课堂教学比较研究》中通过对中美两国中小学进行课堂观察和对一线教师的访谈来了解美国中小学课堂教学的现实状况，通过对目前中美两国课堂教学的教学目标、教学方法和教学组织形式三方面的比较分析，探讨了两国中小学课堂教学产生差异的历史和现实原因。

廖山漫（2011）的《国际汉语教学原则要体现汉语语言的特殊性——全美中小学外语教学指导大纲与汉语教学实践的关系》一文，从国际汉语教学实践的角度探讨了在使用“外语学习标准”和实现“全美中小学中文学习目标”过程中如何确定国际汉语教学的原则；张静静、牛端（2012）的《美国中小学中文教学的现状、问题及发展趋势》以具体的数据说明了美国中小学汉语教学的情况，并提出目前美国中小学缺乏优质的汉语教材和汉语师资等问题。文章还展望了美国中小学汉语教学的发展趋势。付继伟（2013）在《美国小学中文教学的三大特点》中通过实地考察，概括了美国一些小学中文教学的主要特点，即多以交际法、任务法为指导，课堂教学中以活动为主要方式。蒋婷婷（2015）在《基于“5C”标准的美国外语教学——以美国小学汉语教学为例》探讨了“5C”标准在美国小学汉语课堂中的应用和实践，以期为我国国际汉语教学提供有益借鉴。

上述研究从相对宏观的层面，探讨了美国小学汉语教学的学习目标、特点、问题及发展趋势等方面，为本书研究美国中小学汉语教学本土化过程中的美方需求分析和美国现有汉语教学资源分析方面提供了一定的理论背景。

二、微观角度的研究

从具体教学情况来看，有关美国中小学汉语课堂教学模式和教学方法的研究比较丰富，一些文献也开始关注美国中小学生汉语学习的需求，并强调在美国中小学汉语教学中融入美国教学理念和美国教学方法的重要性。在这些文献中，出现了针对美国小学汉语教学的独立性研究趋势。

1. 美国中小学汉语课堂教学研究

这类研究涉及课堂教学模式、课程设置、课堂教学管理等诸多方面。

1）美国中小学汉语课堂教学模式研究

李琴（2008）的《激发美国 K-1 班幼儿中文学习兴趣之初探》在教学实践的基础上，探讨了如何激发并维持美国幼儿的中文学习兴趣，并提出了“兴趣=期望+课堂管理+满意度”的课堂教学模式。

郑晓明（2009）在《美国伯克利蒙台梭利小学中文教学研究》一文中对加州伯克利地区的蒙台梭利小学教学模式进行了较为全面的研究。

张薏（2010）在《美国小学基于任务教学的“三动化”汉语课堂教学模式研究与应用》一文中结合作者所任教的美国小学的实际需求，提出了基于任务型教学的“三动化”（即兴趣化启动、任务化驱动、拓展化活动）汉语课堂教学模式，并对该模式进行了研究和实践。

王芝（2014）在《美国小学汉语课堂兴趣模式探索——以美国 T. C. Cherry 小学汉语课堂为例》一文中，探讨了小学汉语课堂的有效教学模式。

邓小宁、侯杜（2014）在《入门阶段全汉字输入教学模式实验研究——以美国加州班宁市中心小学汉语教学实验为例》一文中探讨了对入门阶段的美国儿童汉语学习者实行全汉字输入的可行性。作者尝试打破以拼音开路的传统汉语教学模式，实行全汉字输入的教学模式。

2）美国中小学汉语课程设置研究

这类研究较少，且多与中学的课程设置研究结合在一起。

徐蕾（2009）在《主题教学法在美国小学汉语教学中的应用》中探讨了1999版的美国外语教学5C标准和Pesola的主题教学课程体系在美国小学汉语教学中的指导及应用。廖山漫（2011）在《美国中小学汉语课程设置模式探讨》中介绍了美国中小学中的五种汉语课程设置模式，并且进行了思考。林晓群（2012）在《美国公立小学中文课程主题式教学研究与设计》一文中，探讨了美国中小学汉语课程的主题式课程安排这一特殊的课程设置形式。

3）美国中小学汉语课堂管理研究

吕志红（2006）在《美国中小学课堂管理研究》一文中，介绍了美国中小学课堂管理的现状，以及一些具体的课堂管理方法与效果。周萍（2013）在《美国儿童汉语课堂教学的组织管理研究》一文中，通过分析影响美国儿童汉语课堂教学组织管理的重要因素，介绍了一些行之有效的管理策略。范博（2013）在《对美国小学汉语教学的思考——以美国俄勒冈州尤金市M学校为例》一文中，也对美国小学汉语课堂的管理问题进行了调查研究。李晶（2014）在《如何营造学生为主的高效外语课堂——浅谈美国中小学课堂策略》一文中，介绍了教师在课堂中管理学生常用的一些教学策略。

2. 美国中小学汉语教学内容研究

这类研究主要集中在词语、汉字、文化教学中。

杨静林（2010）在《美国小学对外汉语课堂教学文化引入与介绍模式》一文中，从直观形象的文化展示和体验模式、文化比较模式和语言教学中的文化活动组织模式三个方面分析了美国小学文化教学的引入模式。

倪博（2013）在《美国小学生对外汉语文化教学方法初探》一文中，总结了文化教学的几种方法：图片实物法、肢体语言法、讲述与提问法等。

常乐（2015）在《移动学习环境下对汉字 APP 教学资源的分析与思考——基于美国小学的教学实践》一文中，结合自己在教授美国小学生的汉语课堂上进行的汉字教学实践，分析了教学中使用的汉字 APP 教学资源的优缺点及教学可行性。在此基础上，作者还对中外语言教师进行了访谈，并对教学对象美国小学生进行了问卷调查，获得了对美国小学汉字 APP 教学资源应用的较为全面的认识。

杨曦（2015）在《美国小学汉语词语教学行动研究》中选取在蒙台梭利教学模式下的美国 R 小学四班的汉语词语教学为主要研究对象，运用行动研究法、课堂观察法等研究方法，针对其个人在汉语词语教学过程中的具体问题进行了较为深入的分析研究，获得了一些针对美国蒙台梭利教学模式下的少儿学习者的有效的词语教学策略。

季蕾（2015）在《蒙台梭利模式下美国少儿汉语教学设计—以尤金市 R 学校汉语教学为例》中，以尤金市的 R 小学为例，对美国小学词汇教学进行了中美教学法比较研究以及美国汉语课堂的词汇教学设计研究。

3. 美国中小学汉语教学方法研究

赵颖（2009）在《试论歌曲在美国儿童汉语教学中的应用》一文中结合自身的教学实践，探讨了针对美国儿童的儿歌教学法的应用。陈梦瑶（2010）的《TPR 在美国六岁儿童汉语词汇教学中的运用》阐释了 TPR 全身反应法在美国小学教学法中的重要地位及其在美国小学汉语教学中的具体运用。

张志娟（2011）的《美国中小学外语教学中交际教学法理论

与实践及对国际汉语教学的启示》一文分析了美国中小学交际教学法的理论和实践，并提出了对国际汉语教学的启示。

金鹏（2012）在《游戏教学法在美国小学汉语教学中的应用与实践——以〈快乐汉语〉第一册为教材》从游戏教学法的视角探讨了如何运用《快乐汉语》教材对美国小学零起点学生进行汉语教学。

张晓静（2012）的《美国中小学 IVC 教学中汉语作为第二语言教学的方法和技巧探索》对美国中小学 IVC 汉语教学进行了研究，并探讨了美国小学汉语教学的相关情况，对提高美国小学汉语教学质量进行了思考。刘莹（2013）的《论游戏教学法在国际幼儿汉语课堂中的运用——以美国汉语课堂教学为例》一文研究了游戏教学法在少儿汉语课堂中的实施情况。宋敏（2014）在《任务型教学法在美国华裔少儿汉语教学中的运用》一文中，研究了任务型教学法在美国华裔儿童课堂中的实施情况。王辉（2014）在《TPR 教学法在美国小学初级汉语课堂中的运用研究》一文中，探究了全身反应法在课堂中的运用情况。

熊惟杰（2015）在《美国 K-5 汉语教学模式探究》中结合自身实际教学经历，提炼出了一套适用于美国 K-5 汉语教学的活动导向型教学设计，包括活动导向型的课堂设计、TPR、TPRS、TBLT、PBL 教学法在教学中的实际操作方案以及各种教学法配合使用的具体模式。

齐新（2015）在《美国中小学汉语课主要教学模式》一文中，探讨了情境教学法、全身反应法、文化体验法、任务型教学法等教学方法。

4. 美国中小学汉语教师研究

关于美国小学汉语教师素质及师资培养问题的研究有：

张治（2008）在《汉语国际教育教师如何适应在美汉语教学——在美国东北部汉语教学感悟》一文中，通过介绍美国中小学的课堂特点，结合作者在美国教学的感悟，对汉语教师提出了一些建议。

贾立帅（2009）在《美国小学生汉语教学研究——以在Howell的教学实践为例》中提出了小学汉语教师需要注意的问题，如教师的角色意识等，为汉语教师融入美国本土教学情境下工作提供了借鉴。

金蕾（2012）在《美国中小学汉语教师培训有效方式探索——以ACC项目汉语教师培训为例》中，以美国ACC项目来华进行培训的K-12中小学教师为研究对象，通过在美国进行的教师访谈和课堂观察，分析了美国中小学汉语教师培训中行之有效的方式。

贺怡然（2015）在《MTCSOL硕士在美国小学情境下的教师胜任力研究——基于对美国OIIP项目汉语实习教师的调查研究》中，通过对美国10所学校20位汉语实习教师长达6个月的实地调查研究，在全面分析大量教学案例、教学实地观察、教学实物材料、教师访谈实录、教师反思日志和教师技能培训的基础上，尽可能真实地还原了美国小学汉语教学情境，从而构建了美国小学汉语教师胜任力五大维度，并针对汉语国际教育硕士素质能力的培养，提出了完善美国小学汉语教师胜任力培养的思考和建议。

也有探究教师课堂用语的论文。如都娟（2010）的《美国中小学汉语课堂用语研究》以实地调查和个案研究相结合的方式，讨论了美国中小学汉语教师的课堂用语。

5. 其他方面的研究

这类研究涉及教材教学资源研究、儿童认知、课堂生态研究等领域。

李怡明（2009）在《美国小学课堂生态研究——以伊利诺伊大学香槟学校附小为例》中，通过对美国小学课堂的实地考察，分析了美国小学课堂生态系统中空间、时间、人物、活动、文化五个属性以及各属性之间的关系。

罗春英（2011）在《美国 K－12 汉语教材现状及特点分析》中，针对美国小学 K–6 教材匮乏的情况，对美国小学汉语教材的理论指导、内容、形式等方面进行了分析。

陆野（2011）在《从认知发展理论看美国儿童汉语教学》一文中从认知发展理论和儿童语言习得的角度出发，探讨了基于美国儿童认知能力的对外汉语教学策略。

郑露菲（2012）在《汉语教学课堂活动在美国中小学交互式视频会议远程教学中的实践》中主要分析了一些适合交互式视频远程教学的课堂活动，提出了一些教学过程中遇到的问题和解决方法。

贺怡然、田艳（2014）在《对美国小学汉语教学社区资源整合与利用问题的思考——基于对美国 OIIP 项目汉语实习教师的实地调查》中首先对美国小学教师常用社区教育资源的类型、特点和功能进行了分析，并对美国小学教师社区资源整合与利用进行了实地调查。该文还对汉语国际教育硕士海外社区资源整合与利用能力的培养提出了思考与建议。

可以看出，随着美国汉语教学的重心逐渐向低龄化方向转移，有关美国小学汉语教学的研究内容也比以前丰富。但是目前的研究仍有待加强，具体体现为：

A. 研究涉及面有待拓展

现有研究多集中在课堂教学和教学方法上，缺乏对课程设置、教育资源整合、教学内容等方面的深入研究。至于有关美国小学汉语教学诸多方面的整合性深入研究的专著，至今没有见到。

B. 研究方法可以更加立体化

一般学者的研究往往借助文献和理论分析，硕士论文也开始运用实地调查、访谈等研究，但研究方法仍有立体化、丰富化的空间。

C. 对于师资培养的启示可以更加深入

以往有关面向美国小学汉语师资培养方面的研究缺少针对汉语国际教育硕士职前培养的深入探讨。本书立足使面向美国小学职场的师资培养更加具体，在理论和实践层面更有指导意义和可操作性。

第三章　美国小学相关情况阐释

第一节　美国小学基本情况

一、美国小学的学制和行政管理

1. 美国小学的学制

1）美国小学的时长

在美国，由于教育由各州负责，各州又将具体责任委托地方学区，所以虽然全国都实行了单轨的学校制度，但在修业年限的规定上，各州有所不同。美国中小学教育实行 K-12（K 为 kindergarten）教育政策，即实行从幼儿园到高中的义务教育。“6-3-3 制”是美国当前最主要的学制，即小学六年，初中、高中各三年，这和中国大陆的教育体系比较接近。20 世纪 60 年代以后，在“6-3-3 制”基础上，又出现了“4-4-4 制”或“5-3-4 制”。[①]

按类型划分，美国小学可以分为三类，即公立学校、私立学校[②]和家庭学校。由于没有全国性的中央教育系统，因此美国大部分地区的小学生有机会在免费的公立学校与私立学校之间进行选择。根据美国政府的统计数据，全美每年有 85%左右的学生进入

---

① 以佐治亚州为例，小学入学年龄为满 6 周岁，小学 5 年，初中 3 年，高中 4 年。小学之前的 1 年为 Kindergarten，很多美国的小学和 Kindergarten 是合在一起的。参见刘德华、赵亚莉：《美国小学教师标准与小学教育专业的课程设计——以佐治亚州立大学早期儿童教育专业为例》，《教师教育研究》，2006 年第 5 期。

② 美国的私立学校包括宗教团体的教区学校、非盈利独立学校及盈利的私立学校。

公立学校就读，10%左右的学生进入私立学校就读。

2）美国小学的包班制

小学的学制一般可分为科任制和包班制。科任制即每位老师专门担任各自学科的教学，科任制有助于教师深入钻研某一科目的知识或教学，不足之处在于难以保证各科教学内容的统一性和联系性。包班制是一个班级分配一个主任教师承担所在班级几门主课的教学任务，并全面管理班级事务。“包班制”是小班化教育的一种形式，是在发现并承认学生差异化基础上形成的班级教育模式。[①] 包班制的雏形是19世纪末出现的教学形式，其代表为美国的巴达维教学法（Batavia plan）[②]。到20世纪50年代，包班制在美国小学教育中已占据主导地位，并被看作以学生为中心的教育思想在教学组织形式上的具体表现。包班制有助于不同学科领域之间的学习整合，教师与学生全天在一起，也便于了解学生。[③] 目前，美国小学普遍实行教师“包班制”。

按照美国2001年的法案，美国小学课程分为核心课程与非核心课程。核心课程即主课，有英语、阅读或语言教育、数学、科学、外语、公民与政府、经济学、艺术、历史和地理等。[④]

2. 美国小学的行政管理

美国的地方基层教育行政单位是学区（School District）。在美国，学校与社区是一体化的，一方面，学校的财政、校长和教师的聘任以及学校的重大发展事件要受到社区的制约；另一方面，

---

① 金传宝：《美国小学班级管理的基本制度》，《中国德育》，2015年第23期。

② 即指一个班级聘任2名教师，并将教学分成前后两部分：前一部分由班导师对全班进行集体教学，后一部分由助理教师对个别学生进行单独辅导。

③ 有的班级也安排一名负责协助主课教师的老师来完成其他工作，如批改作业、准备教学材料、打印文件、摆放桌椅等。

④ 彭小虎：《美国小学教育的改革与发展——以加州小学为例》，《外国中小学教育》，2008年第9期。李彩旻：《美国学校、家庭、社区合作的实践模式研究——以“全国合作学校关系网（NNPS）”为例》，华东师范大学硕士学位论文，2010年。

学校作为社区的一部分经常参与社区的各种活动，以营造社区的整体文化氛围。学校与社区之间一体化的关系诞生了美国教育管理的最基本单位学区，学区也是美国小学管理体制的一个特色。学区制不仅包含学区内的各种教育管理机构，而且还负责学区内各教育机构的权利、职能和制度的建立。在美国，教育行政管理分为联邦、州和地方学区三级。地方学区掌握着美国教育的主要管理权，拥有较大的自主权。

美国小学的常规管理由校长来执行。此外，在学校的管理体系中，家长被赋予了更多的知情权和参与学校管理的权限。同时家长帮助学校筹措经费并作为义工帮助学校实施教学与管理，这大大增加了学校管理的公平与效率。公平、效率以及家长对学校的参与权正是美国基础教育的特色所在。

美国小学里还有很多志愿者，他们有的是学生家长，有的是退休教师，还有的是在读学生，或者是喜欢教学的其他工作人员。他们没有报酬，完全是志愿来帮助孩子学习或者协助老师工作的。①

二、美国小学的外语教学

美国中小学认识到外语是学生了解世界、扩大视野的重要工具，了解和掌握英语以外的语言非常重要。通过学习外语，学生们可以进入交流领域，学习对方的文化并了解他们的历史。为此，美国中小学的外语教学目标是使学生至少能掌握一门外语，能运用这门外语进行交流，初步了解该外语国家的历史和文化。如果有可能，学习者应尽可能地多学几门外语，来增进对不同国家的了解，具备与来自不同国家人们基本的交际能力。

---

① 季蕾：《蒙台梭利模式下美国少儿汉语教学设计—以尤金市 R 学校汉语教学为例》，中央民族大学硕士学位论文，2015 年。

美国小学的外语教学模式有探索式、常规式和沉浸式三大类别。

探索式外语教学（Exploratory foreign language program）主要是设置一些项目让学生“尝试”性地学习一些语言，以此培养学生学习外语的热情，达到为中学选择外语课程的目的。这一教学类型有时也被称为“实验性语言学习”。

常规式外语教学（Foreign language in the elementary school）遵循“理解—说—读—写”的语言学习顺序，注重开发儿童的学习策略。课堂教学中一般包括唱歌、朗诵、游戏、角色扮演和其他能吸引儿童的活动。每周上课 2~5 次，每次 20~40 分钟。[①]

沉浸式外语教学（Immersion）近些年在美国小学的外语教学中发展迅速。该教学模式是用外语教授学科内容，使学科内容和语言教学相融合，从而使得外语教学内容更加丰富。根据沉浸于目的语的时间以及对目的语的利用程度，该教学类型分为全部沉浸式（Total immersion）和部分沉浸式（Partial immersion）两种。

也有研究者对美国小学阶段的汉语教学形式进行了如下分类[②]：

汉语作为选修课。美国的很多中小学都开设了外语选修课，学生可以从西班牙语、德语、日语、汉语等语言中任选一种作为选修课。[③] 汉语作为选修课与其他外语的教学情况相似，一般注重听说训练，同时多以小班课的形式上课，注重培养学习者第二语言的交际能力。

过渡性双语教学。双语教学指“在学校里运用第二语言或外

① 席春玲：《今日美国小学外语教学模式述评》，《外国中小学教育》，2004 年第 1 期。

② 范博：《对美国小学汉语教学的思考—以美国俄勒冈州尤金市 M 学校为例》，中央民族大学硕士学位论文，2013 年。

③ 张静静、牛端：《美国中小学中文教学现状、问题及发展趋势》，《国外中小学教育》，2012 年第 2 期。

语教学知识性科目”。[①] 在美国，汉语作为双语教学的形式多出现在小学阶段，教学对象多为华裔，一般情况下，学生在一二年级时进行以汉语作为主要教学语言的各科目学习。随着年级的提高，汉语作为教学语言的比例开始递减，而英语作为教学语言的比例逐渐递增，最终英文转变为教学语言。

沉浸式双语教学。沉浸式双语教学的对象通常是华裔和一些说英语的学生。在教学过程中，同时使用英语和汉语两种教学语言，其中部分学科使用汉语作为教学语言，而其他学科则使用英语作为教学语言。

无论汉语以何种形式存在于美国的基础教育之中，都要面临教什么、怎么教以及教师的文化适应问题，这也说明怎样更好地确定美国低龄学习者的教学内容、教学方法、怎样更有效地管理美国基础教育中的汉语课堂都需要学界给予更多的关注。

本书所探讨的美国小学汉语教学基本属于常规式的外语教学模式和汉语选修课的形式。这类汉语教学每周 1~2 次，每次教学时间为 15~45 分钟不等。

第二节　美国小学教学理念

归纳起来，美国小学的教学理念包括以下几个方面：

一、积极开展全人教育

全人教育兴起于 20 世纪六七十年代的美国，当时罗杰斯主张教育要培养“完整的人”（the whole man）。所谓完整的人，是指

---

① 吴式颖、任钟印：《外国教育思想通史（第十卷）》，长沙：湖南教育出版社，2002 年。

“躯体、心智、情感、精神、心灵力量融汇成为一体”的人。

美国小学课程目标中指出：教育应满足人的发展需要，因此美国小学从单一的学科教育转向了全人教育，重视培养学生积极的学习态度、学习策略以及学习能力，为学习者的终身学习奠定基础。基于这样的认识，美国小学鼓励学生独立思考，重视提高学生分析和判断问题的能力，发展学生沟通和合作的能力，增进学生跨文化理解与交际的能力，让学生树立良好的人生观、世界观和价值观。通过课程学习，不仅要促进学习者学科知识的提升，还要提高学习者的人文素养，培养学生的情感和态度，提升他们的社会责任感。

在课程设置方面，美国小学注重课程结构的合理配搭，不断拓宽学生的知识面，全力促进学生的全面发展。为此，美国的小学生在学习过程中具有兴趣广泛、积极尝试的特点。

二、重视学生主体地位

美国教育十分重视学生的主体地位。“以学生为中心”的教育理念是著名心理学家卡尔·罗杰斯在1952年提出的观点，该理念强调开放式的、以个人为中心的教育方法，美国中小学课堂管理和教学方法等诸多方面的特点都显示出了学生在美国课堂教学中的重要地位。如何尊重学生的主体地位，开展多种多样的课堂活动更是美国中小学经常探讨的内容。

美国前总统乔治·布什曾经说过：联邦政府在教育上的作用首先不是为体制服务，而是为儿童服务。①

三、积极启发学生思辨

人们能够对某个问题有所知的重要途径就是听取不同的人对

① 岑建军：《近距离观察美国教育》，上海：上海外语出版社，2003年。

这个问题所提出的不同意见，了解具有不同思维特点的人们是如何使用不同方法来探究这一问题的。由此可以看出，思辨能力是一种十分重要的能力。

美国小学课堂强调探究式教育①，积极启发学生的思辨能力，运用巧妙的提问引发学生思考。在美国小学的课堂上，教师所做的是启发学生，并尽可能地为每个学生提供展示自己和表达自己的机会，而通常不预设标准答案。学生的答案在教师看来没有对错之分，只有是否完善的差别，因此美国小学生可以在较为轻松的学习过程中自由思考。

美国小学课堂鼓励学生质疑、鼓励学生尝试，允许学生存在认识差异，鼓励学生彰显个性化思维的特点。美国小学课堂希望能够为学生创造一个自然的、批判性的学习环境，鼓励学生提出个性化见解，并在课堂讨论中突出学生在知识探究学习中的主体作用。为此，美国的中小学生具有思维活跃、乐于思考的特点。

四、高度注重创意设计

美国的教育历来强调学生独立思考、大胆试验、不断进取、有所创新，这一思想最早可以追溯到20个世纪初的美国教育家杜威，杜威的思维“五步法”为创新教育奠定了基础。创新教育以激发人的创造本性为前提，以批判性地传授现代知识信息、培养创造能力为内容，从而极大限度地激发人们的创造潜能。

美国小学教育注重标新立异、善于彰显个性，具体表现在具有创新性的教学设计中。美国小学教育非常注重对学生创新能力的培养，因此要求教师能够在教学中积极推陈出新，展现自身的创意思维能力，进而通过富有创新性的教学来激发学生的学习兴

① 朱莉华：《IB模式下的美国公立学校教育探析》，《湖南社会科学》，2014年第2期。

趣，培养学生的创新意识。

基于此，汉语教师在美国小学进行教学，面对“汉语教学+美国小学+少儿学习者”的具体教学情况时，需要打破原有的教学模式，激发美国小学生的汉语学习兴趣，积极发挥创新思维能力和勇于推陈出新的能力。

第三节　美国小学教师的特点

教师的素质决定了教学质量。由于美国小学采用了包班制度，因此对教师素质提出了更高的要求，这些素质包括：教师职业道德素质、知识结构、人际交往能力、教学组织能力等。在基础知识方面，要求教师学术知识与教学知识并重；在人际交往方面，要求教师具有开放的思想，能从他人角度合作、灵活地看待问题、能解释自己的观点。①

由于美国小学教师拥有宽松自由的教学自主选择权，因此教师自身专业素质的良莠对教育品质的高低往往具有关键性的影响。我们结合实地调查，从专业能力、职业精神和个性气质三个方面分析美国小学教师的特点。

一、专业能力：重视全科教学能力

美国小学教师全面负责除音乐、美术、体育等学科外的全部学科教学，因此美国小学对教师全科教学能力的要求，是建立在“包班制”基础上的。

首先，从知识结构角度上讲，美国小学要求教师具有全方位

① 彭小虎：《美国小学教育的改革与发展——以加州小学为例》，《外国中小学教育》，2008年第9期。

的能力。美国小学的全科型教学是一种立体式、过程式、探究式的教学组织模式。学生在教师引导下先进行整体的体验和感悟，在此基础上展开多角度分析，从而通过对某一课题的教学，自然地将各个学科知识串联起来，以实现培养学生综合认知能力的最终教学目的。因此，美国小学教师通常会在课堂教学中与学生们就一个综合性专题进行讨论，教师往往会将各学科知识融会贯通并设定多学科教学目标，最终在一两周内引导学生从各个角度开展相关专题研究。由此可见，对于美国小学教师来说，只拥有单科教学知识是远远不够的，教师必须具有跨学科知识和全方位的能力，才能胜任美国小学的全科型教学需求。同时，教师也必须善于对教学课题进行“横向”跨学科知识联系和“纵向”专门学科教学设计，从而在提高教学材料利用效率的同时，培养学生全面认识事物的能力，并通过解决实际问题提高学生的动手能力。

其次，从情感体验角度上讲，美国小学教师应具备多角度的能力。美国小学教师会从教室布置、环境营造、教学设计、方法创新等方面凸显教学课题内涵的丰富性和人文气息，从而启发学生在充满趣味性的体验中发现并掌握教学所涉及的各学科知识。

可见，美国小学教师在知识结构方面和情感体验方面具有全方位、多角度的综合能力。

二、职业素养：敬业奉献与关爱学生

职业精神是指职业人在对本行业职业道德规范深刻认识并严格遵循的基础上，在工作实践中表现出来的行为特征、职业风范和精神境界。

美国小学教师的职业精神表现为，在工作中强调“工作激情及感召力”。他们认为用心工作的前提是教师对教育工作的意义有着深刻认识，而且这种认识不是抽象的思辨或理论的推演，而是真正浸溶于教师心灵的真知灼见。这种“工作激情及感召力”突

出表现在美国教师的“敬业奉献”和“关爱学生”两个方面。

1. 敬业奉献

敬业精神是把职业当作事业来对待、具有高度责任心的职业精神。美国小学教师工作时的热情忘我状态给我们留下了深刻印象，下面是小怡老师在实地调查中收集的教师日志，其中就探讨了美国小学教师的敬业精神。

【教师日志：美国小学教师的敬业精神；R 小学，小怡老师提供】

今天是我在 R 小学工作的第三天。通过这几天的观察，我感觉这里的每位老师都无比热爱自己的工作，并专注于为学生提供更好的教育服务。工作期间，教师会确保将注意力集中在每个学生身上，通过细心观察及时为学生排忧解难。美国小学教师对待学生热情忘我，他们会跪在地上搂着学生说话。由于教师没有课间休息时间，所以他们几乎是全天候无休息地在工作，甚至去卫生间时都会请别的教师帮忙照顾几分钟。在下班之后，每位教师仍会主动留在班里备课或进行教师之间的教学讨论，一些有艺术特长的教师义务承担起课后兴趣班的教学工作。

美国小学教师将教育事业视为一种不求回报的服务，更将其作为自己的伟大信仰。正如《美国教师誓词》中写道：“我将时刻关注我的责任——通过对知识的严格追求来提高学生的智力。即使非常辛苦，即使受到放弃这一责任的外界诱惑，即使遇到失败等障碍而使之更加困难，我也将坚定不移地执行这一承诺，并坚持不懈地维护这一信念。”

2. 关爱学生

“关心学生的快乐和悲伤，了解学生的心声，体察学生的感受，时刻不忘自己也曾是一个孩子。这种对学生爱的情感是从书本上学不到的，它取决于在教育活动中与学生融为一体的休戚与共。”①

M 小学校长在接受小怡老师访谈时说：“关爱学生是一种重要的教育力量，这种积极的精神引导可以把具有不同思想、知识、性格的两代人联系起来，发挥师生双方在教学中的积极主动性，从而在快乐的合作中共同实现教育目标。”

首先，美国小学教师对学生的关爱是无微不至的。下面对一则真实的教学案例加以探讨。

【案例收集：美国小学教师对学生的关爱；T 小学，小春老师提供】

我的班导师 Erin 会细心地记录每个学生的成长过程。最近很多学生在换牙，于是她做了一个可爱的“牙齿口袋”，然后每天在晨会时让学生讲说自己近期的换牙故事，并且让换牙的学生把名字写在牙齿卡片上，然后集中放在口袋里，并且祝贺学生成长。(见图 3-1)

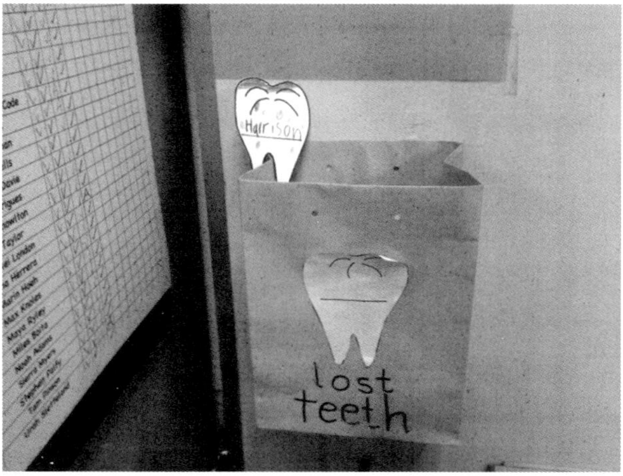

图 3-1　美国小学教师关怀学生成长的牙齿口袋

① 肖甦：《苏霍姆林斯基的教师理念及其启示》，《教育研究》，2004 年第 8 期。

从上述案例中我们可以看出，美国小学教师对学生的关爱在于他们认为学生不仅是学习者，更是一个正在成长和进步的“完整的人”，这充分体现了美国人本主义的教育理念。另外，美国小学教师并不像中国教师一样讲究“师道尊严”，他们自愿扮演学生的在校监护人，并以“全心全意为学生服务”的态度关爱学生的学习与成长，从而为学生提供最优质的教育环境。

其次，美国小学教师会用行动教会学生关爱他人。据实地观察，几乎美国小学的每个班级都有教师制作的学生生日墙报，并且各班均有自己设计的生日庆祝仪式，教师往往通过这种方式教导学生学会主动关爱他人。

【实地观察：美国小学教师的关爱教育；R 小学，小怡老师实录】

我的班导师 Paul 设计了“庆生仪式”。学生生日当天，Paul 邀请学生的家庭成员带着学生每年的成长照片来到教室，和全班同学分享成长故事。仪式大致是这样的：教师将代表太阳的水晶烛台放在教室中心，并在烛台四周摆放十二个月的字卡；过生日的学生需要怀抱地球仪在同学们的歌声中绕走一圈并在自己出生的月份驻足，这时学生家长会展示当年的学生照片，并讲述其成长故事；家长和师生围坐在大圆圈中，一起唱歌、许愿；最后教师会引导学生用儿歌即兴改编的语言总结该学生的成长历程。(见图 3-2)

图 3–2　美国小学教师组织的学生庆生仪式

从上述案例中，我们可以看出美国小学教师十分关注学生个体情感，并教导学生关怀身边的每个人。虽然美国小学并不强调集体主义精神教育，但是这并不意味着学生“自私”老师“冷漠”。恰恰相反的是，在崇尚个人主义的美国社会中，每个人在维护自身权利的同时，从小就学习尊重他人权利，真正实现在“人人平等”的关系中相互关爱。

三、个人特质：积极彰显个人气质

在倡导培养学生个性发展的同时，美国小学教师也有充分的空间彰显自己的个人气质、实践自己的个性化教学。学校鼓励每位教师打造个性鲜明的课堂，因此美国小学教师普遍会主动形成自己独特的教学风格，同时在教学情境中发挥自己的创新能力，以此激励学生关注自身的个性发展。

一个幸福的教师是角色自我与个性自我的统一，教师应把自己的职业当作信仰，它是教师自我实现的重要组成部分。在教学中，教师把教学内容经过自己的理解和设计，给教学涂上了自己的色彩，教师的教学风格会明显地带着自己的个性特质，这也是师生感情交流的重要途径。①

首先，美国小学教师会真诚地向学生展现自我。

【教师日志：美国小学教师的真诚交往；H 学校，教师小雨提供】

我的班导师 Rachel 是学区评选出来的卓越教师，她的教学成绩在学区内名列前茅。她还有一个身份——铁杆儿马拉松爱好者，所以她在我们班墙壁上贴了一张大地图，在地图上标注出了她曾比赛过的所有线路，并在四周贴出她历届比赛使用过的多达二十多块的号码布。Rachel 老师时刻充满活力并发散着正能量：她可以和学生们轻松地开玩笑，她把家人的照片贴在墙报里并热情地向学生们介绍，她中午会在教室里和学生一边吃着便当一边聊天，学生们很信任她，可以毫无顾忌地和她讨论问题。（见图 3–3）

图 3–3　美国小学教师彰显个性的马拉松墙报

① 刘次林：《幸福教育论》，北京：人民教育出版社，2003 年。

上述案例中的美国小学教师为了与学生建立信任关系，能够主动将自己向学生进行全面真实的展示，她用这种真诚友善的交往方式赢得了学生的信赖。美国小学教师普遍能够在学生面前自然大方地表达内心情感与展现真实个性，从而较顺利地成为学生的朋友。这种良好的师生关系不仅使学校成为了学生快乐成长的地方，而且使师生间的互动更加顺畅。由此可见，以诚相待是人与人建立信任关系的首要条件，师生和谐友善关系的培养更需要相互间的真诚态度，美国小学教师能与学生形成亦师亦友的良好关系正是得益于此。

其次，美国小学教师善于将个性体现在教学设计与班级文化建设中。

【访谈实录：美国小学教师的个性教学；A 小学，采访对象：小君老师】

小怡老师：你们班里为什么随处可见与恐龙相关的图书和墙报？

小君老师：我的班导师 Lucy 是一位资深的恐龙研究爱好者，因此我们班也像一个恐龙研究基地。恐龙是我们班的吉祥物，也是我们班这一学年的教学主题。

小怡老师：学年教学主题？请问老师是怎样在教学中将各科教学与此结合的？

小君老师：老师的所有教学设计都围绕恐龙主题展开。数学课上，学生们调查恐龙的身高、体重和身长；生物课上，学生们汇报自己从课后资料中了解到的有关恐龙习性的知识；语言课上，学生们讨论恐龙生活的时代和恐龙灭绝的原因；美术课上，学生们描画恐龙、制作恐龙模型；在学期末，老师要求每位学生完成一份图文并茂的恐龙研究报告，并且在班里做口头报告。

上述案例中的美国小学教师在教学设计中充分发挥了个性特

长，这样不仅可以通过分享自己的研究成果来为学生拓展知识，同时可以为学生查阅资料提供更丰富的线索。另外，美国小学教师将自己的个性融入教学，也使自己的教学方式风格化、特色化，从而为学生营造了更加丰富多元的学习氛围。美国小学教师的个人特质可以通过其个性化的创新教学实践得以充分彰显，同时个性突出的创意思维又不断地为丰富教学形式和教学方法提供了支持。

第四节 美国小学学习者的特点

据有关研究统计，在美国小学的汉语学习者中，非洲裔学生的比例是比较高的。此外，西裔学习者，就是从墨西哥移民到美国来的学生比例也不低，约占35%，亚裔学生所占的比例为10%左右，也有一些北美印第安人、多种族混血学习者。[①] 因此美国小学汉语学习者的群体是由多元文化组成的。

美国的小学教育可以概括为“活泼多样、生动有趣、寓教于乐、自主创新”。在这种教育体制和课堂管理模式下，美国小学学习者存在以下几个显著的特点：

第一，快乐进行学习。美国的教育十分尊重学生自身的发展规律，把学习视作学习者获得个人乐趣和发展的重要途径，因此在充分尊重学生成长规律的前提下开展教学[②]。从小学开始，学校教育秉承以“玩”为主的教学理念，使得学生在丰富的课堂活动和游戏中学习知识，成长心智。学生可以拥有一定的供自己独立支配的空余时间进行自己感兴趣的课外活动，比如：球类运动、

① 参见蔡芳沛：《现状与发展趋势——美国汉语教学讲习班特刊》，《世界汉语教学学会通讯》，2013年第4期。

② 美国加州小学的教育目标中即有“启发儿童的娱乐兴趣”的条文。

器乐演奏、户外活动以及课外阅读等活动。为此美国小学提供了多种多样的选修课程，如音乐、美术、表演、烹饪、园艺、手工制作等，同时鼓励学生参与兴趣学习小组，鼓励其多动手实践。

在课上，在教师讲授完新内容后，学生有充足的时间进行课堂练习，每个完成自己作业的学生都可以根据自己的学习兴趣进行其他活动，如去阅读、做游戏。在课下，美国的小学课堂没有中国小学课堂的齐整划一，所以每个孩子都有自己活动的时间与空间，但是这个时间与空间的获得都没有干扰其他学生的学习。教师在学生练习时，主要精力不是维持纪律，而是帮助未能完成作业的学生。[①]

第二，善于发现式学习。美国小学要求学生不但在课上采用发现式的学习方式，在课下也积极探索，通过阅读书记、查阅学习、手工制作等方式完成一定的学习内容。比如，通过网络搜索某一地区的地图，然后自己制作出一幅地图。

我们将中国小学生与美国小学生的学习特点进行了比较，见表 3-1：

表 3-1　中美小学生学习特点比较表

中国小学生学习特点	美国小学生学习特点
紧随老师教导，以书本知识为中心，分学科进行系统全面的学习，各学科间关联性较少，通过考试反映学习成果。	自主发现式学习，从一个课题出发多角度构建辐射型全科知识网络，以课题研究报告形式展示自己的研究成果。

从上表可以看出，美国小学生善于自主发现式学习。这与杜威的五步教学法不无关系。该教学法的内容是：1）教师给学生创设情境，该情境必须与实际经验相联系，使学生产生要了解它的兴趣；2）给学生足够的资料，使学生进一步观察、分析，研究该

① 彭小虎：《美国小学教育的改革与发展——以加州小学为例》，《外国中小学教育》，2008 年第 9 期。

课题的性质和问题所在；3）鼓励学生自己提出解决问题的设想；4）学生根据设想进行推理，以求得解决问题的方案；5）学生根据方案亲自动手去做，以检查全过程所达到的结果是否符合预期的目的。

第三，善于自我表达。自由和个性张扬的文化观念在传统美国教育中一直占据主流。基础教育阶段正是儿童身体成长、性格养成的重要时期，传统美国教育着力坚持的创造性教育、主体性教育使得这个阶段的儿童有了更多的自主表达的机会。正因为美国从小学开始就提倡个性化教育，鼓励学生表达自我、展示自我，使得每个学生都成为独立的个体。

第四，乐于团队合作。美国的教育虽然提倡个性化教育，鼓励学生自我阐述与表达，但同时也十分注重团队合作能力的培养。在常见的中小学课堂活动中，小组讨论、小组练习、小组展示等活动十分常见。学生被安排到小团队中进行讨论、学习，从而更深入地研究某一问题。这种团队合作能力的锻炼和教育使得美国小学生具有善于协作、善于思考的特点。

第四章　美国小学汉语教学课程安排

课程目标需要通过课程安排来实现，合理的课程安排可以更好地指导课堂教学行为，从而顺利实现课程目标。

美国是一个地方分权的国家，因此没有全国统一的课程安排。美国公立小学的课程设置和安排由各州教育机构和各级学校依照州宪法和州教育法来规定和规划，美国小学在课程设置和安排方面会以各州教育部门提供的课程计划为指导，并结合学校具体情况做出的调整。具体课程安排一般由各学校的校长、班导师、助理教师、课程指导员、学生家长和有关人员组成的课程委员会研究决定。因此美国小学的课程设置和安排不仅各个学区不尽相同，甚至同学区内的各个学校也有所不同。

在外语教学方面，美国于1999年出台了《21世纪外语学习标准》，各州及各级学校以《21世纪外语学习标准》中的“5C”原则为总体目标和框架来设置外语课程，不过该标准并没有对具体的课程内容或者学习过程进行详细的描述。在汉语教学方面，美国也没有出台统一的小学汉语课程标准。

美国学校对汉语教师的首要要求就是要熟悉美国学校的课程设置，及时了解学校的课堂及学生的特点，掌握美国学校课堂的教学方法，并熟知各州教育部所规定的教学要求和教学目标。①

我们在调查走访中关注了受访小学的课程设置情况，从整体观察情况来看，美国小学课程内容与中国小学课程内容存在着明

① 钱茜璐：《美国公立学校汉语课程设置——以巴尔的摩市公立学校为例》，《世界汉语教学》，2011年第1期。

显的差异。美国小学课程无明显分科，取而代之的是综合性的主课，主课教学时间在课程表中占据着较大比例。美国主课教学内容涉及语言、数学、科学、社会四个主要方面，由班导师一人负责教学，主课教学以主题化综合知识的教学形式展开，各门课程之间存在高度的主题关联性，平均每 2 至 3 周完成一个主题的教学。这样一种课程安排情况，我们称为“主题化课程安排”。① 此外，美国小学课程安排也突出学习者的个体差异性。

我们根据美国小学课程安排的特点，结合汉语教学的特色，提出了美国小学汉语教学课程设置的两大原则：一、主题化的课程安排原则；二、差异化的课程安排原则。

第一节　美国小学汉语教学主题化课程安排

一、美国小学主题化课程安排的由来

美国小学的主题化课程安排与美国的教育改革有着密切的关系。从 20 世纪 60 年代课程改革以来，美国基础教育课程的整合就已开始，其改革的方式不是增加课程的数量，而是对课程之间进行有效的整合。这不仅出于减少课程数量的考虑，也反映了当今教育发展的趋势，即“各门学科之间的界限变得越来越模糊，主要的概念变得更加统一”。这是当今学科整合性对教育的必然要求。

美国小学的主题化课程安排还与《21 世纪外语学习标准》的出台有着密切关系。该标准指出，外语能力由交际、文化、连贯、

① 有汉语教学界的研究者也运用过“主题式教学”这个概念，意思是指在汉语教学这个系统内部设置自己的主题（如环境、节日、旅游等），各个次主题之间紧密相联围绕这个主题开展。见索德曼、李筠、贾浦江：《主题式教学：中小学汉语课堂教学设计》，北京：外语教学与研究出版社，2016 年；林晓群：《美国公立小学中文课程主题式教学研究与设计》，中山大学硕士学位论文，2012 年。上述的主题式教学与本文所说的主题式教学不是同一个概念。

比较和社区五个部分（即 5C）组成，这些内容相互融合、相互作用、触类旁通、有机一体，共同构建了学习者的综合语言运用能力。《21 世纪外语学习标准》提出，外语只是美国基础课程体系的一部分，应与其他学科相互依存、相互促进。其他学科的知识可以为外语学习提供一定的基础知识来源，为外语能力的提高奠定一定的基础；反过来，外语能力的提高有助于学生获取一些其他学科的知识。可以看出，《21 世纪外语学习标准》带来了美国外语课程内容的综合化理念，具体体现为两个方面：一是语言学习本身的综合；二是外语与其他学科的综合。

进入 21 世纪，一些学者，如海伦娜·柯顿（Helena Curtain）和卡罗尔·安·达尔伯格（Carol Ann Dahlberg）对学科之间的综合性、整合性也提出了思考，如“什么是高质量的语言学习课程”“授课内容与相应年级课程是否相关联、是否与语言和文化目标达到了平衡、课程内容是否片面孤立”等问题。他们认为，语言学习应该是一种综合性的学习[①]。

上述理念成为美国学校课程设置和安排的基础，深刻影响着每一层次教学的课程设置，当然包括小学外语教学。

二、美国小学主题化课程安排的实施

为了进一步了解美国小学的教学，我们通过田野调查收集了一些美国小学的课程安排情况。在所调查的 A 小学中，二年级的班级课程表可以较为清晰地体现出美国小学主题化课程安排的特点。

A 小学二年级的课程安排由“学生集体课程表”和“学生个人课程表”两部分组成，其中“学生集体课程表”是班导师制定的，用以指导班级全体学生教学活动，课程之间具有主题性关联。

---

① （美）海伦娜·柯顿和卡罗尔·安·达尔伯格：《美国中小学外语课堂教学指南》，北京：外语教学与研究出版社，2013 年。

表 4-1 为 A 小学二年级学生集体课程安排

表 4-1　A 小学二年级学生集体课程表

时间	星期一	星期二	星期三	星期四	星期五
8：30—9：00	晨会①	晨会	晨会	晨会	晨会
9：00—10：00	主课	主课	主课	主课	主课
10：00—10：15	零食时间	零食时间	零食时间	零食时间	零食时间
10：15—11：30	自主学习	自主学习	自主学习	自主学习	自主学习
11：30—12：30	午饭/活动	午饭/活动	午饭/活动	午饭/活动	午饭/活动
12：35—13：10	体育	音乐	体育	美工	主题课
13：15—13：45	小组活动	小组活动	小组活动	小组活动	作业汇报
13：45—14：10	主课	主课	主课	主课	课外活动
14：15—14：30	日志②	日志	日志	日志	

从这一课程安排可以看出，美国小学每节课的时长根据教学内容的不同而长短不一，没有均匀分布的课间休息时间，所以美国小学课程安排没有类似“每节课 45 分钟+课间休息 10 分钟”的固定模式。此外，教师按照各门课程的重要性和内容量进行了有针对性的课时分配，其中主课教学和课堂活动的教学时间占据着主要部分。

由于 A 小学二年级当时正在开展以“厨师杰西和他的蛋糕”为主题的教学，所以班导师 Carl 为学生提供了与这一主题相关的多样化的课程活动内容：在“厨师杰西和他的蛋糕”的教学主题下，开展了有关记叙文描写和形容词运用的语言应用教学、有关面积计算和体积测量的数学乘法教学、有关面粉发酵的生物教学以及有关蛋糕制作的生活技能教学等。

---

① “晨会”由其英文课程表中的“morning meeting”得名，学生在此时间段需要登记考勤、进行和平友爱宣誓以及向教师讲述自己在生活学习中的见闻。

② “日志”由其英文课程表中的“journal”得来，学生在此时间段用会话与写作相结合的方式，总结每天发生的事和自己的想法。

美国小学“主题化”的课程安排，强调和重视综合知识和实践能力的融会贯通，大多数美国小学的课程大纲都围绕主题展开。对于美国小学的语言教学来说，主题设计与教学是使早期阶段的语言课程卓有成效的最重要方法之一。因为美国小学语言教学标准提倡整合性学习，即通过学习使用语言，使其将其他科目和语言知识联系起来，从而更真实地反映现实生活，培养学生解决生活中实际问题的综合能力。

【案例收集：美国小学主题化教学；A 小学，小马老师提供】

我的班导师 Jim 在一周内围绕“毕加索”这个专题，分别从“语言角度”“艺术角度”“数学角度”进行了教学。在语言教学方面，Jim 要求学生用所学的词汇和写作技巧对毕加索进行生平描述、形象描述等；在艺术教学方面，Jim 引导学生欣赏并讨论了毕加索绘画的特点和启示，并让学生在美术课上进行毕加索主题绘画创作等；在数学教学方面，Jim 要求学生观察毕加索绘画的几何图形特点，学会用工具测量画框尺寸，并根据所学的乘法计算购买画框的费用等。(见图 4-1)

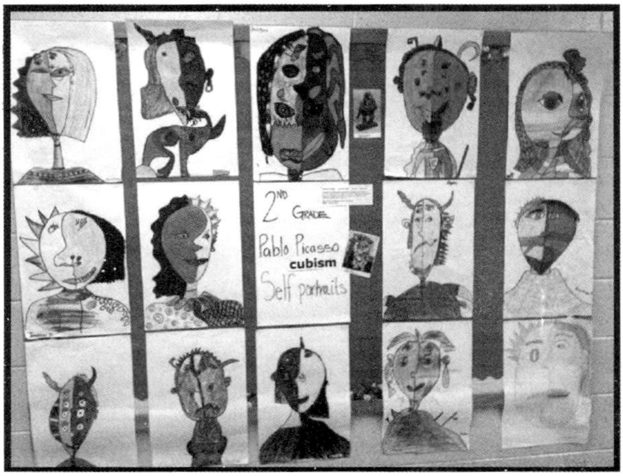

图 4-1　美国小学教师全科型教学中的毕加索主题

三、美国小学汉语教学主题化课程安排

无论是平行性的主题化课程安排还是循环一体的主题化课程安排，美国小学课程之间都存在着紧密联系。在这样的课程体系中，汉语教学也必然会无可避免地与本土其他课程发生联系。

1. 新手教师对美国小学主题化课程安排的看法

据我们调查，新入职的汉语教师或实习汉语教师对美国小学主题化教学往往缺乏应有的认识。

小怡老师于2013年9月对美国OIIP项目实习教师培训课进行了调查。该项目每期都会为汉语实习教师进行3个课时的美国小学主题化教学培训。项目培训教师在上课之前组织汉语实习教师进行关于“汉语课是否应与其他课程相联系”的讨论。归纳总结讨论结果时发现，汉语教师对于主题化教学有如下认识：

A. 我没听说过汉语课程可以和其他课程结合着教学。

B. 我不知道如何将汉语课程和其他课程结合。

C. 我不知道汉语课程与其他课程结合教学的效果怎样。

由此可见，汉语教师在入职工作之初，并没有意识到“主题化教学”的重要性，甚至没有听说过相关概念。

一个月后，小怡老师就“汉语课是否应与其他课程相联系”的问题，对一些工作了一段时间的汉语教师进行了跟踪访谈，以分析汉语教师对主题化教学观念认识上的变化：

【跟踪访谈：汉语课与其他课程的联系；R小学，访谈对象：小阳老师】

小怡老师：通过这一个月的实习，你认为汉语课程是否应与其他课程相联系？

小阳老师：通过美国小学校方的指导，我的思想观念有了很大转变，我觉得很有必要加强汉语课与其他课程的联系。

小怡老师：美国小学校方是如何对你进行指导的？

小阳老师：我觉得美国校方非常关注我的教学情况，并针对我的问题进行过专门指导。比如，校长与我进行过专门谈话，她建议我观摩校内各种类型的课堂教学，同时很细心地为我提供了课堂观摩推荐表，推荐表上列出了课程时间、课堂内容以及教师联系方式。

小怡老师：你是怎么进行具体观摩学习的？

小阳老师：我每天都会跟着一位美国教师进行课堂观摩，坚持通过课堂观摩方式向学校各位的美国教师学习。通过一段时间的学习后我发现美国小学并不实行分科教学，而采用主题化教学，特别强调各门学科间的相互支持和知识的融会贯通。所以我认为汉语课程也应融入大主题之中。

由上述访谈材料的分析可以看出，汉语教师在美国小学校方的指导下，通过广泛的课堂观摩发现了中美小学在课程安排上的巨大差异，并意识到从美国小学汉语教学的本土融入性和长远发展的角度考虑，应加强汉语教学与其他课程教学的联系。美国小学汉语教学的课程安排应融入学校的教学主题之中，从而改变传统的单科独立的教学模式。

2. 汉语教学主题化课程安排

因此，美国小学的汉语教学可以利用汉语课程与其他学科的内在逻辑关系，在汉语课堂教学中与其他学科之间建立互惠共赢的双向活动。

据小怡老师调查，部分汉语教师在美国小学汉语教学实践中尝试采用了融入班级主题教学的新模式，并取得了良好的效果。下面以一则主题化教学案例进行具体分析和探讨。

【案例收集：汉语教学采用主题化教学方式；V 学校，小佳老师提供】

我们班最近正在开展以地球板块为主题的教学，班导师 Liam 教学生们用唱歌的方式记忆大洲名称，所以我设计了一堂“上下左右”方位词汉语课。我用世界地图来讲解方位词，并且利用他们学过的大洲歌曲配合“上”“下”“左”“右”方位词做了游戏。我在课堂上，一边引导学生复习英文大洲歌曲，一边让他们标注中文方位词，美国老师很赞同我这样的教学设计。

【访谈记录：汉语教学主题化设计；R 小学，访谈对象：小阳老师】

小怡老师：在第一周的教学里，你最大的收获是什么？

小阳老师：我觉得我的汉语教学设计思路有了很大转变，我学会了如何围绕一个教学主题进行全方位思考，然后结合不同的科目进行汉语课程设计。

小怡老师：能具体说说吗？

小阳老师：我原本计划只用中国国旗作为介绍中国的教具，在课堂中展示一下。但是，我的美国指导老师 Emmily 提示我说：“旗帜里包含了词汇、颜色、图形等很多教学元素，不要浪费了这个好材料。”她建议我用中国国旗作为一个教学主题，围绕它设计一周的汉语课程。于是，在 Emmily 老师的指导下，我重新设计了教案，开展了为期一周的“中国国旗”主题教学。第一节课是汉语语言课，我教学生“你好”“中国”“美国”“中国人”“我是……”“我爱……”等内容，并做了互换国旗的对话练习，学生学会了打招呼；第二节课是汉语美术课，我教学生制作中国国旗，并同时用美国国旗做对比进行了颜色教学，然后让学生在国旗制作中学会了“红”“黄”“蓝”“白”“黑”等颜色，同时在相互借用工具中学会了“剪刀”“铅笔”“橡皮”“彩笔”等；第三节课是汉语数字课，我先教学生汉语数字，然后让学生测量自己制作的国旗大小，并相互展示了学习成果。

在上面第一个案例中，新手汉语教师在美国导师的启发和指导下，将汉语方位词语的教学设计到了班级主题教学之中；在第二个案例中，汉语教师将一个简单的教学素材进行了多角度的分析，然后围绕统一的教学主题，分课型地从语言课、美术课、数学课三个方面展开了丰富多彩的汉语全科型教学。两个案例都使学生在已有知识的基础上将新的汉语知识进行了联想记忆，这不仅降低了学生学习汉语的难度，而且强化了学生正在学习的主题知识。

我们认为，在汉语教学中采用主题化课程安排有着非常重要的意义。

首先，主题化教学可以将语言教学的三要素关联起来，从而促进教学的开展。埃里克·詹森（Eric Jensen）认为，我们日常教学中需要激发三个要素才能促进教学的开展，这三个要素为：情感、相关性和语境模式。情感是学习的强大通道，相关性是激发学习的关键动力，丰富的语境能使学习者将语言应用于真实的生活并激活其大脑中的语言形成机制。而精心设计的主题能将这三个要素融合起来。

其次，主题化教学可以提供大量机会让学生在各种情境中学习和理解语言。因为主题化教学具备创造情境的功能，因此主题化教学可以使学生更易于理解相关内容。在一个主题单元中，学生们可以凭借他们已有的背景知识来阐释理解新知识，使新的语言学习不再孤立。例如在上面A小学的案例中，学生们阅读“厨师杰西和他的蛋糕”的材料时，可以凭借生活经验加深对相关汉语词语的理解。

最后，主题化教学可以使教学的重心从语言本身转化为学生对语言的运用。汉语与其他学科的整合为学生提供了在数学、美术、自然科学、体育等方面运用汉语进行表达的机会。大脑研究表明，让学生在机械的操练中对词汇和语法进行学习，不如使其在丰富的语境中使用语言更为有效，支离破碎的语言不如在语境中学到的语言易于记忆和使用。因此加强汉语教学与其他课程教学的联系，可以使教学内容融会贯通，使美国小学广泛运用的主题教学背景成为汉语教学的丰富语境。既然学习重心转移到了语言的意义和功用上，学生们也会被激发起来去掌握语言来表情达意，并乐于就感兴趣的话题进行沟通。

通过一系列的主题化教学活动，相关学科能为汉语知识的学习和汉语交际能力的提升奠定良好的基础，汉语能力的提升又能为学生学习其他学科知识拓宽渠道。因此汉语教师可以结合其他学科知识，选择一些有趣味和挑战性的切入点，把语言学习建立在有意义的基础上。①

第二节　美国小学汉语教学差异化课程安排

一、美国小学差异化课程安排的由来

差异化教学是基于学习者在学习能力、学习水平、智力类型等方面存在的差异，在教学方法、教学内容等方面实行差异化的教学。差异化教学能够为学生提供吸收信息和实现创意的多样化选择，其目的是要使教师根据学生的不同情况对其区分对待，并且教师在学习中发挥辅助作用，从而让每个学生的成长和个人成功的最大化。

① 蒋婷婷：《基于“5C”标准的美国外语教学——以美国小学汉语教学为例》，《教学与管理》，2015 年第 3 期。

汤姆林森（Tomlinson）（2001）总结了美国小学差异化教学的特点：[①]

A. 内容——多样化选择吸收信息。

B. 过程——多样化进行有意义地教学。

C. 产品——多样化地表达所学知识。

从上述表述中可以得出，在差异化教学中教师引导在智力水平和智能类型方面具有差异化的学生都能获得学习的意义。

美国小学差异化课程安排，强调和重视学生个性化和自主学习需求的满足。差异化教学要求教师在教学方法上灵活多样，不断调整课程内容和信息表达方式，而不是期待所有学习者以同样的方式完成课程所规定的要求。[②]

美国小学差异化课程安排的理念来自两个方面，一是美国教育理念，一个是多元智能理论。

美国教育理念指出，教育应该尊重孩子的独立人格，注重孩子的个性化发展，保护孩子的天性，让教育成为孩子的教育。[③]美国教育学者认为，每个学生都是独一无二的个体，教师应把孩子的特长和需求带到课堂上来。为此，20 世纪后半叶，美国教育学家劳伊德·特朗普提出了“灵活的课程表”，即特朗普制。其基本做法是把大班上课、小班讨论、个别作业三种教学形式结合起来，以此来促进学生的个性化差异化发展。2002 年，美国颁布了一个名为“不叫一个孩子落伍”（No Child Left Behind）的法规，该法

① 见海伦·娜柯顿、卡罗尔·达尔伯格：《美国中小学外语课堂教学指南》，北京：外语教学与研究出版社，2013 年。

② 在美国早期儿童教师的标准中，第三条就是“教师要掌握学生个体需要的教学方法”，即教师要了解学生在学习方法上的个体差异所采取的教学方法。见刘德华、赵亚莉：《美国小学教师标准与小学教育专业的课程设计——以佐治亚州立大学早期儿童教育专业为例》，《教师教育研究》，2006 年第 5 期。

③ 桂勇：《华德福教育儿童个性发展的教育》，《外国中小学教育》，2011 年第 2 期。

规提出应该缩小处境不利学生与其他学生之间的学业差距，认为每个孩子都可以学好。这一法规从最初关注高质量、优异和杰出的学生向关注弱势学生转化，从追求教学效率向强调学习机会均等转化。

多元智能理论认为，人的智能是有差异的，教学中应充分发挥出不同智能的优势。1983 年，加德纳在《智力的结构》一书中提出了多元智能理论。他认为，人的智能是多元的，除了言语—语言智能和逻辑—数理智能基本智能外，还有其他六种智能，分别是音乐—节奏智能、视觉—空间智能、人际—交往智能、身体—运动智能、自我内省智能、自然观察智能。关注多元智能可以使学生的差异性得到关注，从而获得全面的发展。多元智能教学重视儿童智能结构的特点及其各种不同智能，因此教学中应营造丰富的有利于儿童与他人、与环境交互作用的学习环境，注重学生学习主动性的发挥。

除了主题化的课程安排，美国小学强调照顾每位学习者不同的学习需求，并以此作为具体课程安排的依据，从而体现差异化课程安排的原则。

二、美国小学差异化课程安排的实施

美国小学差异化课程安排的实施体现在个性化课表的制定以及多元智能理论的运用。

前文提及的美国小学的课表分集体课表和个人课表两种。设置学生个人课表即是差异化课程安排的具体体现。“学生个人课程表”是学生自己制定的，用以满足学生自身个性化学习需求。“学生个人课程表”的制定是对“学生集体课程表”的具体化补充，学生在集体课程表所安排的课堂活动时间使用自己安排的个性化课程表，通过安排自主学习或者参与有教师辅导的小组学习方式，来完成自己每天选择的学习任务，以实现差异化教学。

再以 A 小学为例，学生们在集体课表的基础上，可以从班导师提供的选项中选择自己感兴趣的内容并填入个人课表中，并自主决定用自由活动方式还是小组活动方式来学习。表 4-2 是 A 小学二年级学生 Anya 的个人课程表：

表 4-2　A 小学二年级学生 Anya 的个人课程表

学生姓名：Anya	时间：2013 年 10 月第 3 周星期二		
时间安排①	自主学习内容②	时间安排	小组活动内容③
10：15—10：45	杰西为什么用酵母粉	13：15—13：30	我家的蛋糕故事交流
10：45—11：15	形容杰西蛋糕的词句	13：30—13：45	测量杰西蛋糕体积
11：15—11：30	写给厨师杰西的信		

从上表可以看出，Anya 在三个自主学习时间段中，为自己安排了三个学习内容，分别为：10：15—10：45 生物内容的学习、10：45—11：15 词语的学习、11：15—11：30 表达的训练。

从 A 小学学生个人课程安排的时间上看，学生可以自己安排课堂自主学习时间，能够从整体上体现“活动课时制”的优点。美国的“特朗普制”和“活动课时制”产生于 20 世纪 50 年代，其优点在于以教学时间安排的改革为突破口，克服班级授课制的课时固定、学生容易疲劳等缺点，从而使教学适应不同学生的特点，有效地提高学生的兴趣和学习质量。[④]在 A 小学的差异化教学中，学生们所学的内容相同，但学习的方法却可以不尽相同，学校提供给学生多种选择，让他们去完成符合各自学习需求的任务。

---

① “时间安排”，是指学生将课堂自由活动时间进行自主安排，学生每天会将时间填写在个人课程表中。

② “自由活动内容”，是指学生从教师提供的多种学习项目中，自主选择一项并独立完成练习。

③ “小组活动内容”，是指学生从教师提供的多种学习项目中，自主选择一项并在教师的分组辅导下或与同学的合作中完成。

④ 李秉德主编：《教学论》，北京：人民教育出版社，1991 年。

A 小学教师采用让学生自主安排课程表的方式，体现了教师对学生差异化学习需求的尊重。值得注意的是，教师所教授的课程内容是相同的，因此教学目标的实现可以得到必要的控制；教师同时为学生提供了个人课表自主安排的机会，为学生事先设计好学习任务选项，因此教师可以在学生的自主学习安排中起到半控制作用。这样可以保证在完成既定教学目标的同时，满足每位学生不同的学习需求。

【案例收集：汉语差异化教学设计；R 小学，小蕾老师提供】

有的学校，如蒙特梭利学校[①]，教师是经常在不停地调整教学任务，从而使学生能够更好的学习效果。比如，在笔者所在的班级，有个二年级的学生，他的学习能力很强，完成任务也快，老师就让他参加部分三年级的课程，做一些三年级学生的任务，这样做让他有一种成就感。

三、美国小学汉语教学差异化课程安排

在体现教学理念方面，差异化教学要求教师对学生的学习需求、学习习惯以及学习水平有所了解。了解学习者的学习能力、学习经历和期待是教师选择教学材料、设计教学内容、控制教学进度和组织课堂活动的重要依据。[②] 目前由于美国小学汉语教学开展的时间比较短，且汉语教师很多为年轻的新手教师，所以在差异化课程设计方面并没有充足的案例。不过汉语教师可以将这一理念秉持于心，在机会合适的时候，予以实施。

---

① 蒙特梭利学校（Montessori School）是采用蒙特梭利教育理念的学校，该理念最早由美国玛利亚·蒙特梭利提出。该理念是以孩子的兴趣为中心，鼓励孩子们探索他们感兴趣的事物，培养孩子自主学习的能力。

② 田艳：《国际汉语课堂教学研究——课堂组织与设计》，北京：中央民族大学出版社，2010 年。

在体现多元智能方面，汉语教师在备课时应充分考虑学生自身智能或个性的差异，在汉语教学设计和实施中，有意识地针对学生不同的智能设计教学活动，使学生在发展自己多元智能的教学活动中快乐地学习汉语。汉语教师应着重考虑如何把汉语转变为其他智能的语言，即图片、身体的或音乐的表达、逻辑符号或概念、社会交往以及自我认识。[①]为了使学生的多种智能得到充分发展，汉语教师在备课时可以根据多元智能构建教学设计表，将多元智能理论与教学实践结合起来设计差别化的教学方式。我们将多元智能理论与教学设计思路相结合，设计了汉语教师“多元智能型汉语课堂教学设计”的参考用表，见表4-3。

表4-3　“多元智能型汉语课堂教学设计”的参考用表

多元智能教学设计		
分类	教学设计思路	
1	言语—语言智能	如何引入朗读、背诵、讲故事或书面语言练习？
2	逻辑—数理智能	如何引入数字、逻辑、分类或是科学思维？
3	视觉—空间智能	如何引入视频、想像、图表、绘画、颜色？
4	音乐—节奏智能	如何引入歌曲、歌谣或体现汉语的抑扬顿挫？
5	身体—运动智能	如何在教学中引入能涉及身体运动的活动？
6	人际交往智能	如何让学生能与同学交流、合作学习？
7	自我内省智能	如何唤起个人感受记忆给学生自主选择空间？
8	自然观察智能	如何在教学中融入生物自然现象或生态意识？

上表可为汉语教师在进行差别化课程安排与设计时提供参考。表中的教学设计思路能够充分发挥学生的各种智力优势，为学生提供多样化的学习方式选择，从而帮助汉语教师开拓课程设计思路，满足不同学生的个性化学习需求。

下面以一则较为成功的汉语差异化教学案例来具体探讨汉语

① 黄远振：《多元智能理论与外语教学》，《福建教育学院学报》，2004年第1期。

教师在多元智力理论指导下，是如何设计课程以满足学生差异化学习需求的。

【案例收集：汉语差异化教学；O小学，小齐老师提供】

新手汉语教师小齐在来美国小学教汉语之前对利用智能差异进行教学缺乏认识。通过在美国小学的观摩学习和汉语教学实践，小齐老师在其指导老师的辅导下，设计了多元智能型汉语教学课。她利用视频音乐动画教学生唱汉语歌曲，内容为“小象，小象，耳朵大，鼻子长；小象，小象，牙齿白，真漂亮。”在语言练习时，她请有音乐节奏智能优势的学生唱歌，请有身体运动智能优势的学生做动作，请有言语语言智能优势的学生念歌词，请有自然观察智能优势的学生说出小象的其他特征；最后请有视觉空间智能优势的学生给小象卡通图染色，顺便复习颜色词汇。上述做法很好地实践了差异化的教学理念。

因此，美国小学教师在课程安排中应充分注重“主题化”与“差异化”的教育理念，从而使课程安排体现出重视综合知识和实践能力培养的全面贯通，并且在课堂活动中重视学生个性化和自主学习需求的满足。汉语课程的设计也应该将主题化与差异化的教学理念运用进来，从而实现体现融入与独立、统一与差异的教学特点。

第五章　美国小学汉语教学内容设计

本章从三个方面分析美国小学汉语教学内容：汉语要素教学、汉语技能教学及中华文化教学。

第一节　语言要素的教学

美国的《21 世纪外语学习标准》把语言系统看作是最基本的要素，是实现人际交流、文化理解以及与其他学科相联系的基础。学习者掌握一门外语，首先必须具备语言要素的知识。语言要素知识作为语言运用能力的基石，始终是外语教学中的重要内容。下面从词语、汉字、语音方面①，分析美国小学的汉语要素教学。

一、词语教学

词汇是语言的建筑材料，是句子的基本单位。对于儿童来说，运用词语有时相当于运用句子。在少儿第二语言教学中，词语往往具有较强的交际功能。

海外低龄学习者的词语教学一般采用词义场聚合的原则进行，教师通常选择颜色、数字、身体部位、国家、方位词语、熟识物品等易于认知和记忆的词语场分类进行教学。美国小学汉语教学也适合采用这些方法。

---

①　由于海外小学生的语法教学多采用隐性讲解方式，并与口语句型教学相结合，因此本章不对语法要素的教学进行阐述。

1. 数字词语教学

手势运用法。手势教学法属于全身反应法（Total Physical Response，简称 TPR），即让学生在读出这个数字发音的同时，用常用的手势来表示数字。由于欧美人在数字表达上，尤其是 6、7、8 的表达上和中国人有所不同且具有直观性，因此手势对比教学更能促进学生对汉语数字的学习。

声调结合法。教师在黑板上用阿拉伯数字或者用汉语按照顺序写出十个数字，再根据声调的不同，将数字从一声到四声，分 4 行展示出来。首先带领学生读出音调为第一声的数字（如一、三、七、八）。如果学生发音不准确，老师可以用手势在半空中平平地划过，表示一声。同样，在练习第二声数字的时候，老师将“十”和“零”放在一起，让学生练习。第二声是美国学生较难发出的声调，因此可以伴随手势、肢体语言重复练习。其他声调数字的教学可以以此类推。最后将所有数字按照正确顺序排列好，让学生看着数字词语的字形，结合手势说出来。

唱读儿歌法。老师可以将数字编进儿歌里，配合肢体语言进行复习和巩固教学。如可以采用“我有几个好朋友，一二三四五；我有几个好朋友，六七八九十”这首儿歌让学生进行诵读。在反复的唱读中，让学生熟悉数字的读音。①

教具教学法。小怡老师用班里现有的数学绳结教具，将汉语数字的含义用数绳结的方式呈现出来。（见图 5-1）

① 郑露菲：《汉语教学课堂活动在美国中小学交互式视频会议远程教学中的实践》，郑州大学硕士学位论文，2012 年。

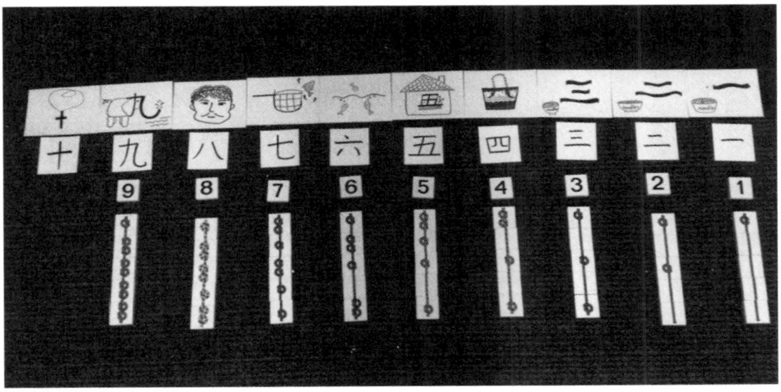

图 5-1　小怡老师的数字词语教学法

2. 身体部位词语教学

身体部位词语的教学除了可以利用全身反应法，还可以使用卡通图示法和儿歌互动法。

卡通图示法。教师可以利用学生熟悉的卡通形象，如功夫熊猫，进行身体部位词语的教学。通过功夫熊猫的不同动作涉及的身体部位进行教学，小学生很容易记住自己熟知的动画形象，从而增强其学习兴趣。

图 5-2　利用功夫熊猫进行身体部位词语教学

儿歌互动法。和身体部位有关的美国儿歌有 *Head and Shoulder Knees Toes*，这首歌曲的旋律美国小学生非常熟悉。教师可以将歌词改编为汉语的“脑袋”“肩膀”“膝盖”“腿”，通过不同的方式重复四个身体部位，并且节奏由慢到快。由于是美国学生比较熟悉的旋律，在教学过程中学生会比较容易记忆。

【课堂教学案例：身体部分词语的教学；M小学，小范老师提供①】

1. 教学目标：学会用汉语说出五官

2. 教学内容：头发、眉毛、眼睛、鼻子、耳朵、嘴、脸

3. 教学思路：主题教学思路，与西班牙语课堂教学保持一致

4. 教学方法及教具：直接法、听说法、游戏教学、全身反应法；图片及师生五官

5. 教学设计：

①备课时准备一幅画，画中是一个黄色头发、蓝色眼睛，头发上系着红色蝴蝶结的女孩子。

②教学初始阶段指着画向学生提问：画中有哪些学过的词语？并一边指向头发、眼睛或蝴蝶结。学生会回答出学过的颜色词语，此时学习气氛已调动起来。

③接着用颜色对应的部分来提示要学习的部分新词语，逐渐引出全部五官词语，依次为“头发、眉毛、眼睛、鼻子、耳朵、嘴、脸”。利用画上的头像并配合指出自己的五官来提示学生，进行每个词语的教学，逐一示范发音，带着学生一起反复发音。

6. 教学活动：

①重复几次发音教学后，教师提问“你的（头发、眉毛、眼睛、鼻子、耳朵、嘴、脸——此部分用中文说出）在哪里？”要求学生在自己脸部迅速指出相应部位，这时一些已经形成记忆的学

---

① 本书范老师的教学案例选自范博论文《对美国小学汉语教学的思考——以美国俄勒冈州尤金市M学校为例》，并略作调整。

生会带动另一些学生进行回答，这是加强记忆的过程。

②借用主课教师平时为了引起学生注意力的一句话："If you can hear me, touch your head/shoulder/其他部位"，在此替换成"If you can hear me, touch your 头发、眉毛、眼睛、鼻子、耳朵、嘴、脸"，最后一个词语均用汉语说出。这样的互动学生并不陌生，还有一些新意在其中。经过几次练习，学生基本能掌握这些汉语身体部位词语的发音，这时可以请学生与同伴互相练习。

3. 颜色词语教学

实物教学法。讲解颜色时，可以结合各种实物，如红苹果、绿蔬菜进行讲解。美国小学的教室色彩鲜艳，因此也可以在教室里的物品上贴上颜色词语的字卡并标出拼音，学生会于潜移默化中带着浓厚的兴趣学习这些颜色词语的。

除此之外，颜色词语的教学还可以与其他教学内容相结合进行。

颜色词语教学与表达喜好的句型教学相结合。老师可以从学生关注的或者他们喜欢的颜色入手，先问一些学生喜欢什么颜色，然后讲解这些颜色词的汉语表达方式，让学生读出来这个颜色。在说出自己喜欢的颜色的同时，老师可以引出句型"我喜欢……"，让学生造出如"我喜欢蓝色"这样的句子。

颜色词语教学与数字教学相结合。国外有一种纸牌游戏 Uno，这种游戏很流行。这一纸牌上带有各种颜色和数字，因此是很好的词语教具。因纸牌上有颜色和数字，老师可以拿出一张纸牌让学生快速说出上面的颜色和数字，如绿色 8。通过这个小活动，可以让学生复习之前学过的数字，巩固所学的颜色词。

图 5-3　利用 UNO 进行颜色与数字词语的教学

【课堂教学案例：汉语颜色词语的教学；M 小学，小范老师提供】

1. 教学目标：学会用汉语说出三原色

2. 教学内容：红色、黄色、蓝色

3. 教学思路：主题教学思路，美国主课教师在绘画课上引导学生了解和认识了三原色，于是我决定进行颜色词的汉语教学。

4. 教学方法及教具：直接法、听说法、游戏教学；颜色游戏卡片

5. 教学设计：

①找一组有关颜色的游戏卡片，选取其中的红色、黄色、蓝色卡片。游戏的名字是“What do you have?”（你有什么?）规则是每个人可以拿几张卡片，当别人问你“What do you have?”的时候，只要说“I have ______”就可以了。

②向学生展示红色的卡片，让小朋友提问“What do you have?”，我回答“I have 红色”，以此展示发音，并提示学生“红色”就是“red”。

③经过多次示范，学生了解了这种介绍方式后，以同样的方法进行“黄色”“蓝色”的教学。

6. 教学活动：在学生看到图片后就能说出对应词语的时候，向

他们每个人发一张颜色卡片（红色/黄色/蓝色），安排几个人为一组，组内互相提问和回答。轮流进行几次后，同伴之间可以互换卡片，再次提问和回答。另外，早晨活动期间，我设计了手势动作加入颜色词语的练习中，这有助于学生巩固记忆所学词语。

4. 方位词语教学

全身反应法。在方位词“前”“后”“左”“右”的教学过程中，老师可以让学生利用肢体语言进行各种方向的身体转动。首先，老师将方位词语和相应的翻译写在黑板上。然后，教师带读“前”“后”“左”“右”几个词语。随后，老师说出其中一个方位词，让学生根据该方位词来判断自己向哪个方向移动。在教学过程中应做到循序渐进，如开始时由于学生对生词不熟悉，可以缓慢地按照“前后左右”的顺序移动。随着学生对这几个词语的熟悉，教师可以加入“转”这个词语，再根据学生掌握的情况，逐步加入“向……转”等句型，并打乱这四个词语的顺序，以丰富学生的理解。

游戏教学法。游戏名称是“你是我的眼睛”。两名学生一组，一名学生扮演盲人，另外一名学生扮演他的眼睛。这两个学生从教室的一角出发，“眼睛”要用汉语发出指令，带领“盲人”回到自己的座位上。游戏过程中扮演“眼睛”的同学只能用到学过的方位词和“停”来指导“盲人”前进的方向。等每组学生对方位词语和游戏规则都熟悉了之后，可以进行全班的组际比赛，看哪一组最先抵达目的地。

二、汉字教学

独特的特征和汉字具有较为深厚的文化内涵，且汉字与汉语的关系十分紧密，良好的识字能力可以促进汉语的学习，并可以开发幼儿的智力，使汉语教学课堂更加丰富、有趣。汉字虽然是汉语教学中的一个难点，但是汉字也具有一定的直观性、理据性，如果教学方法得当，非常适合儿童进行学习和认知。[①] 针对美国小学生的特点，可以考虑运用如下汉字教学方法。

奇特联想法。奇特联想法就是利用新奇的方法进行教学，该教学法特别适合低龄学习者。下面是小怡老师自己的教学设计。

【案例收集：创新汉字教学设计；R 小学，小怡老师提供】

小怡老师发现美国小学教师在教学过程中，非常注重将抽象的知识以直观形象化的方式呈现出来，而且在表现形式上会利用丰富多样的教具进行趣味教学，于是她将汉字数字的形态特征和学生常见的实物相结合进行了创意联想设计，并用手绘图的形式将汉字画了出来。例如将“四”设计成了卡通手提包，将“七”设计成了渔网捞儿，将“九”设计成了大象的鼻子，从而帮助学生记忆。(见图 5-4)

图 5-4　小怡老师的汉字创新教学设计

① 参见田艳《汉语国际传播背景下泰国汉字教学研究》，北京：中央民族大学出版社，2015 年。另邓小宁、侯杜（2010）在《入门阶段全汉字输入教学模式实验研究—以美国加州班宁市中心小学汉语教学实验为例》中通过研究发现：一开始就接触汉字的学习者，后期的汉字认读掌握水平最佳，对汉字的接受度和适应性都优于只学习拼音和拼汉结合的班级；从一开始就只接触拼音完全不展示汉字的学习者，后期的汉字认读能力最弱。

在上述的案例中，小怡老师从学生的习得心理出发，将汉字数字的图画特征与小学生喜欢的卡通图形进行巧妙结合，从而有效地帮助学生记忆汉字数字词语。

场景结合法。场景结合法就是利用学生熟识的生活、教学环境及自身感兴趣的事物对学生进行相关汉字的教学。

【课堂教学案例：常用汉字的教学；M 小学，小范老师提供】

1. 教学目标：学会生活中的常用字

2. 教学内容：教室内物品（门、纸、书等意义明确的字词）；学生中文姓名；“新年快乐”“福”等汉字

3. 教学思路：利用真实场景，利用生活实物与字形相联系进行教学，根据学生需求进行教学

4. 教学方法及教具：直接教学法、字词结合法、实物教学法；字卡、笔墨

5. 教学设计：

①利用教室内已有的各物品的展示卡片，进行相应的汉语教学。美国主课老师已经制作了一些卡片，如教室门上贴着画着门的卡片，卡片下方写着“door”。类似的卡片还有“book”“journal”“paper”。因此，我对部分有学习需求的学生进行了相应的汉字教学，即“门”“书”“日志”“纸”等。

②部分学生要求学习其英文名字的中文写法，我根据学生各自的要求进行了中文姓名的书写教学。

③在文化教学中的“春节”部分，进行“新年快乐”以及“福”字的汉字教学。

字理教学法。字理教学法是依据汉字的构字规律，运用汉字字形与字义的关系进行汉字教学的方法，也就是说通过对象形、指事、会意、形声等造字法的分析，运用直观、联想等手段识记

字形，以达到识字的目的。[①] 字理识字教学法针对不同的汉字造字类别，有四种不同的教学内容。限于篇幅，此处介绍其中的三种。[②]

A. 象形分析法

象形字是汉字体系中最基本的结构类型，也是最能体现汉字造字规律和特点的一种文字。象形分析法主要是针对象形字而设计的汉字教学法。象形分析法具体教学步骤为：

a. 展示汉字的原始图形；

b. 演示该汉字从甲骨文到现行文字逐步演化的过程；

c. 分析原始图形与字义的联系；

d. 综合分析图形、字形与字义三者之间的联系。

该方法具有直观形象的特点，将古文字与新文字进行勾联，非常有助于美国小学生了解汉字的来源和深层文化内涵。

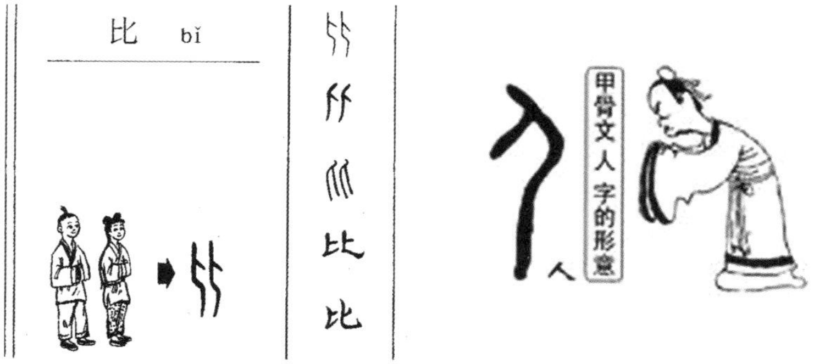

图 5-5 “象形分析法”教学示意图[③]

① 贾国均：《字理识字研究与实践》，北京：轻工业出版社，1998 年。

② 参见：田艳：《汉语国际传播背景下泰国汉字教学研究》，北京：中央民族大学出版社，2015 年。

③ 图片来源：李乐毅：《汉字演变五百例》，北京：北京语言大学出版社，2001 年。

B. 会意解构法

会意字是由两个或两个以上的形体组合而成的，其组合方式多种多样，因此会意字可以表示许多抽象的、用象形或指事的方法难以表示的意义。直到今天，人们还在运用会意的方法创制简化汉字，如“灶、尘、歪”等。会意解构法主要是针对会意字所设计的汉字教学法。会意解构法具体教学步骤为：

a. 将会意字分解成几个部件；

b. 用图片介绍各个部件的意义；

c. 将这些部件的意义连缀起来理解字义，最后因义识形。

不过该方法不可牵强使用，以免弄巧成拙。

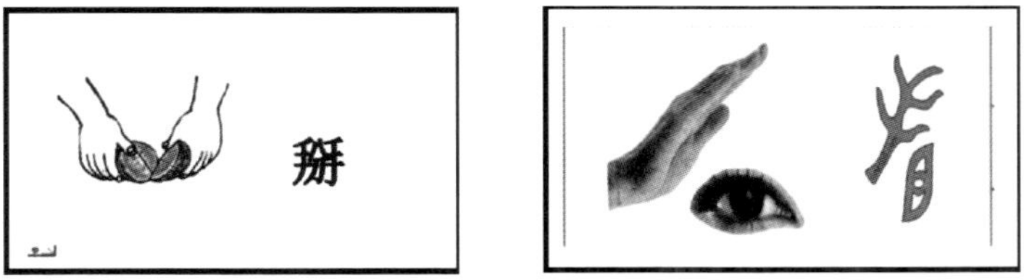

图 5-6　“会意解构法”教学示意图

C. 形声归类法

形声字由声旁和形旁组成，在汉字中，形声字占有很大的比例。形声归类法就是针对形声字的表音和表意规律而设计出来的汉字教学法。目前形声字的形旁（意符）教学逐渐受到了重视，而声旁（音符）教学则长期受到忽视，因为汉字经历了漫长的演化过程，很多形声字声旁的表音功能已经有所下降，形声字中声旁能够准确表音的（声韵调都相同）只占 37.51%，[①] 尽管如此，形声字声旁还是有很多可以利用和挖掘的地方。教师应在学生学习的适当阶段对形旁和声旁进行归纳总结。

---

① 周健：《汉字教学理论与方法》，北京：北京大学出版社，2007 年。

形声归类法具体教学内容为：

1）形旁归类。如木字旁的字可以归类学习：“杨”“梅”“树”“村”“林”“材”等；

2）声旁归类。比如将含有“包”的部件、且发音与“ao”相关联的汉字“饱”“抱”“雹”“刨”“胞”“跑”“泡”等进行系联学习。

形旁、声旁系联可以形成庞大的汉字家族，学习者在这两类系联关系的引导下，汉字水平会很快提高。

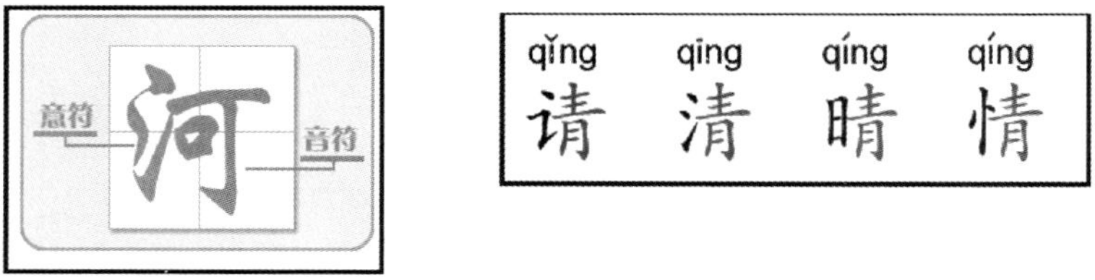

图 5-7 “形声归类法”教学示意图

三、语音教学

首先，分清楚不同阶段的侧重点：小学低年级应侧重声调和声韵母训练；小学高年级则应侧重轻重音和韵律结构的训练。其次，选择适当的语音单元作为训练的基础：声韵母应当选择音节作为训练的基础；声调应当选择双音节词作为训练的基础；轻重音以及韵律结构应当选择句子作为训练的基础。最后，在语音训练的过程中应当坚持声音与意义的结合、听辨与发音的结合、集中与分散的结合。①

声调教学是语音教学的难点。可以使用颜色编码进行语音声

① 李智强：《汉语语音教学及其设计的语音学问题》，见《中文教学方法的反思与发展——美国加州中文教师协会 2009 年秋季研修会侧记》，《世界汉语教学学会通讯》，2009 年第 3 期。

调的教学，即把新学的汉字根据音调与不同的颜色联系起来，例如发第一声的汉字可以标记为红色，第二声的标记为棕色等等。这种语音训练方法同时为汉字的识记提供了途径：将视觉提示引入字词的学习，同时有助于强化口语和听力的学习效果。[①] 也可以教学生用肢体表示声调（全身反应法）：双臂平展表示一声，单臂展开并向上倾斜表示二声，双手分别向斜上方举起表示三声，双手叉腰身体下蹲表示第四声。

第二节 语言技能的教学

近些年，国际外语教学与研究的发展趋势从单纯重视语言知识的传授向语言知识与语言技能并重转变。这一转变特别强调交际能力的形成和培养，强调学生能用所学的语言做事情。通过语言技能的学习，学生能更好地理解语言的意义并运用语言的功能，从而更好地进行交际。

技能教学可以分为听说和读写两大类。教师在最初应以听说技能的教学为重，随着学生语言能力的提高，可以重点发展学生的读写能力。

一、听说技能的训练

语言是交际的工具，让学生流利而自信地表达自己的想法是语言教学的目的。通过听说技能，学生可以学习概念、扩展词语、进行有意义的交流，所以听说教学在美国小学汉语教学中占有重要的地位。

---

① （英）Fotini Diamantidaki、Katharine Caruthers、James Trapp：《英格兰小学中文教学：开发新式教学法，增进跨文化理解》，《世界汉语教学学会通讯》，2014 年第 5 期。

1. 听的技能训练

有效的听力理解取决于学生对语言、词汇、语法和语用各方面知识的掌握，取决于学生依据已知信息，调用自身储备或熟知的媒介，进行知识的正向迁移，其中包括推断与联想力的培养与运用。

对小学生来说，听力技能训练要与年龄和心理特点相适应。在听力内容方面，可以训练学生听懂课堂活动中的简单指令和提问；可以给学生听汉语儿歌、对话、故事等，帮助他们辨认词句的声调和发音。在听力媒介方面，可以使用图片、图像、手势、身体语言等帮助学生听懂简单的对话、小故事或录音材料，并鼓励他们将听懂的内容表演出来。在听力形式方面，教师可以将一些杂乱排列的词语呈现给学生，再给学生们听这些词语中包含的汉字或拼音，让他们用不同颜色的笔将听到的汉字或拼音标出来。

2. 说的技能训练

在海外低龄学习者的汉语学习中，听的技能和说的技能是紧密结合、不可分割的。美国蒙特梭利语言教学一般采用三个步骤进行语言教学。第一步，知道在目标语中怎么说；第二步，能分辨出在目标语里哪个说法是正确的；第三步，是自己能够熟练说出该目标语。第一步与听的技能相关，第二步与语言规则的理解相关，第三步则与说的技能相关。

话语为教学的基本单位，语音、词汇等的教学主要通过话语情景进行综合训练，必要的句型操练也是为掌握话语能力服务的。① 对于美国少儿学习者，句型教学符合其口语学习的特点。

在说的内容方面，可以让学生相互之间用汉语进行简单的问候，也可以让学生相互交流简单的个人信息，如姓名、年龄、喜好等。教师也可教学生说汉语歌谣，或鼓励学生将汉语会话内容

① 刘珣：《对外汉语教育学引论》，北京：北京语言大学出版社，2000 年。

套用熟悉的歌曲旋律唱出来，并交给学生一些小任务，让他们用汉语去进行求助、邀约、赞美、致谢等；在说的形式方面，可以通过找伙伴、课堂小采访等信息差活动让学生练习会话，有效地理解他人并与他人交往。也可以通过角色扮演、课堂情景剧、根据动作表演猜测意思等形式让学生开口表达，以提高交际能力。

【课堂教学案例：口语表达教学；M 小学，小范老师提供】

1. 教学内容："你好！我叫______，很高兴认识你！""你好吗？""我很好。"

2. 教学方法：直接法、听说法、交际法

3. 教学设计：

①请本班美国老师课前配合我共同练习汉语问候方式，然后我们在学生面前演示，给学生机会猜测其内容。

②演示之后开始逐词示范，并告诉学生这是互动式的问候，因此在演示几遍后可以直接选择一个学生跟教师进行练习，进而全班都可以看到如何回应。

③我对着 Liam 说"你好"，他会自然地回应我"你好"。接下来我说"我叫______"，并告诉学生要说"我叫+自己的名字"。我先说"你好！我叫范博"，学生一起说"你好！我叫______"。

④示范"很高兴认识你"的发音，分两部分进行发音："很高兴"+"认识你"，反复操练。

⑤带领学生复习刚学过的三句问候语，并选择班里的一个学生与我进行对话演示，再让他们与同桌进行一次完整的对话。

⑥用汉语说"你好吗?"，提示学生们当人们这样问候的时候，通常会得到"I am good."这样的回应，让学生猜测我刚才说的是什么，学生可能猜到那是"How are you?"的意思。重复几遍后教师示范如何用汉语说"I am good"——"我很好"，再把一问一答结合起来，让学生跟读。

6. 教学活动：

①让每个学生与同桌进行一次完整的问候，可以握手或拥抱，以此加强交际的真实性。

②提升难度，要求学生用以前学习过的问候语，形成一个完整对话。此时我可以选择一个或两个学生与我一起先给大家演示，不过主要的练习方式还是让学生找同伴做练习。

下面是一个有趣、实用的口语教学活动：

表 5-1　口语训练活动

1：自己	2：同学 A
姓名 年龄 生日 家庭成员 喜欢的颜色 喜欢的食物 喜欢的数字	
3：同学 B	4：同学 C

这个活动适合已经学过一段时间的学生做。教师将一张纸分成四个部分（如表 5-1），分别标上 1、2、3、4。在第一个方块上，学生先将自己的信息填写好，然后去调查另外三个同学的信息，最后让同学进行全班汇报。老师会要求学生用“我叫……”、“我……岁”、“我的生日是…年……月……日”、“我家有……口人”、“我喜欢……”等句型来做汇报。这个信息卡集中了自我介绍、数字、颜色、动物、食物等词语的表达。对学生来说，其中最难掌握的是生日的表达，一方面是因为年、月、日的表述和英文中有所区别，另一方面在上述各项中，生日的表达也是最长的一项。一个同学在进行汇报的时候，教师要求其他同学记录下这个同学的信息（如生日、家庭成员等），这样既练习了他们的听力，同时也可以复习对其他同学来说可能不太熟悉的词语。

二、读写技能的训练

阅读是人们获取信息的重要手段，写作是一种书面思维活动，是学生表达思想的方式，读写技能共同构成语言技能教学的重要目标。“一个优秀的汉语项目不能仅仅停留在学习口头表达的阶段，只有能够帮助学生在听、说、读、写各个方面都得到提高的项目，才有可能长期地发展下去”。①

1. 阅读技能训练

美国小学特别重视学生的阅读量，课表中会安排自由阅读时间和阅读课。自由阅读时间一般在午饭后，约一个小时。阅读课则是在教师的指导下进行，一般也是一个小时。一天中安排两个小时的阅读时间，可见美国小学对阅读的重视程度。此外，每间教室里几乎都设有阅读角，配有上百本儿童读物，校图书馆里还有成千上万册的故事书可以借阅。为鼓励学生课外阅读，老师还根据学生的实际情况为每个学生量身定制阅读目标。② 不少学校设有阅读作业室，学生每天花一小时左右的时间进入阅读作业室。在阅读作业室，教师通过为全班讲解阅读方法和策略、让学生独立阅读、指导性阅读等方式，提高学生的阅读量和阅读兴趣。教室内安排一个外借图书馆，图书可以按照主题、难度等进行分类，每位学生至少有二十本书。

---

① （美）安·索德曼、李筠、贾浦江：《主题式教学—中小学汉语课堂教学设计》，北京：外语教学与研究出版社，2016 年。

② 陈乃琳：《把握好学习兴趣与实用能力的关键点—美国小学英语教学给我的启示》，《江苏教育》，2012 年第 11 期。

图 5-8　美国小学图书馆的分级阅读读物①

美国小学的阅读教学分为指导性阅读和分享性阅读。进行指导性阅读时，教师与学生一起阅读。通过教师的帮助，学生自己运用读书技巧理解文章大意。在进行分享性阅读时，老师和学生共同读一本书，学生跟读或重复。

---

① 图片选自微信平台：《教书匠在美国》中的《200 本书：阅读无处不在的美国小雪教室图书馆》，作者：邓老师。

表 5-2　美国小学循环读写活动实例①

分组	全班	A 区：与老师面谈	B 区：独立写作	C 区：独立阅读
学习内容	在老师的帮助下，学生一起读老师写给全班的“每日信息”，再利用每日信息里的内容，以互动的方式学习某一个阅读或写作技巧。接着老师给学生读一段他们这星期每天早上读的已经比较熟悉的小故事，然后提醒大家分组学习时的注意事项，再分组并指定小组代表。老师根据任务单仔细解释每组的活动目标，并示范每个步骤，最后提醒每组活动的时间长度。随后，学生就到各自的小组开始学习。	老师先和学生一起读一本他们以前读过的书，在开始读之前，老师要求学生每次看到解释过的词语时就竖起大拇指。在要求学生自行阅读前，教师先问 B、C 区的小组代表他们小组是否有问题。阅读之后，学生要完成一个理解练习，最后对照书里的内容来核对答案。	学生们使用信封里的材料来进行独立的学习。第一个信封里有三个词语，要求学生把它们组织在一个句子里，然后把句子写在本子上。随后，再打开其他信封，把不同数量的字词用在一个句子中。学生可以与小组成员一起完成，也可以独立完成任务。教师可要求学生分别写出含有三个词、五个词、八个词和十个词的句子。	老师事先准备好故事书，学生两人一组或自己单独阅读指定的内容。这个阅读任务完成后，学生找出文章中所有表示动作的词语，并把这些词语写在白板或是自己的本子上。如果还有时间，可以让孩子们用这些表达动作的词语来造不同的句子。

相比之下，美国小学汉语教学中的阅读教学则相对较为薄弱。因此，汉语教学应该融入当地的教育理念，借鉴美国小学阅读方法，重视和加强阅读教学。

在阅读内容方面，教师可以让学生读故事、韵语，让他们感受和体会其中蕴含的声调、情绪，并于潜移默化中学习词语、理解语法等。阅读材料中包含着大量多元文化的信息，中国人的生活与人际交往模式、社会风俗等都能向美国小学生开启新奇的窗户，教师应结合这些材料不失时机地向他们传达认同并尊重文化的多样性，加深他们对不同文化的相互理解。

在阅读练习方式方面，教师可以给学生出一些根据阅读内容

① 吴忠豪译：《美国的小学语文课程和阅读教学》，《外国中小学教育》，2002 年第 3 期。

的排序问题、开放式的问题供学生讨论。此外，美国的小学教师会让学生用正常的语流把书上的内容读出来，汉语教学也应该注重有声朗读。

2. 写作技能训练

从写作的内容来看，有写词、写句①、写段几种。写词的方法包括看图写词语、字词归类等；写句的方法包括：看图写句、给出前半句学生写出后半句、句子排序、抄写句子等。由于篇幅限制，这里简要介绍一下美国小学生写作教学中写段和写文的教学方法。

1）运用写作清单，监控和提高写作

美国教育教育部门对于每个年级的写作水平都有评判标准，都是由通用教纲 CCSS 来决定。所以每个年级都需要有不同的 Checklist，学生可以使用这个清单来对照自己的写作并作出相应的修改。美国小学的写作类别可以分为说明文、议论文和记叙文。考虑到汉语教学的阶段和水平，我们在这里介绍美国小学记叙文（Narrative writing）问题的写作清单标准。

这是美国低年级（一年级）的写作清单（见图 5-9）。

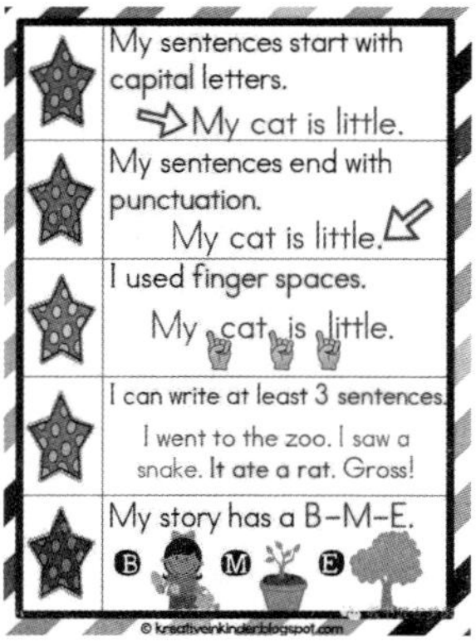

图 5-9 美国小学低年级的写作清单

① 吴忠豪译：《美国的小学语文课程和阅读教学》，《外国中小学教育》，2002 年第 3 期。

下面是美国小学三年级的写作清单，每个问题后面都有三个评判等级：A 没有、B 一点点、C 有。我们对该清单略作了修改，美国小学的汉语写作教学也可以用来作为借鉴：

我/写了一个主题
我写了一个开头
我使用了关联词语
我写了一个结尾
我提到了一个问题
我把作文分成了几个部分，每个部分都有主题
我写了事实和细节
我用了很好词语
我的字写对了
我的标点符号用对了

美国小学汉语写作教学可以根据小学生写作教学的规律，制定自身的系统的写作清单，使学生对自身的写作能力一目了然。

2）记叙文的写作

“总分总”是一种常见的记叙文写作结构，也十分容易掌握。美国小学将其冠以“汉堡包作文”之名，可以说是非常形象。

图 5-10　美国小学写作“汉堡包结构”示意图①

① 本部分的内容和图片参照了《教书匠在美国》微信平台，作者：小杨老师，并略作调整。

这是美国小学生根据汉堡包结构写出的作文：

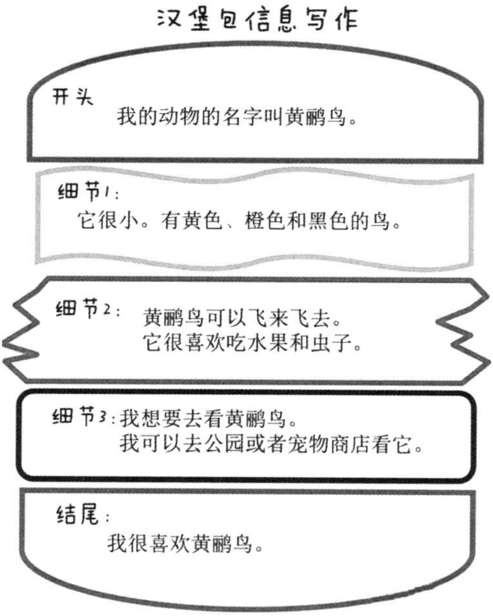

图 5-11　美国小学生利用汉堡包结构写出的作文

第三节　文化教学的内容设计

一、美国小学中华文化教学的重要性

在重视语言系统的同时，文化也成为美国外语教育的一部分。美国《21 世纪外语学习标准》中提出了 5C 原则，其中的 Connection（连贯）就是触类旁通，即通过外语学习加强和扩展其他学科的知识。连贯也强调拓展视野、博闻广见，希望学生利用外语从目的文化中获取对于世界的认识并了解不同的文化观点。强调“连贯”意在能够提高学生的学习兴趣，激发他们的学习动机，并且使他们在理解他文化的同时对自身文化有更深的了解。

学习一种文化可以帮助学习者理解该语言所包含的文化，欣赏讲该语言的人群，培养学习者具有在不同社会环境中与他人交往的能力以及超越本民族习俗局限观察问题的能力，从而在未来具备更积极地参与全球社会活动的能力。

文化包括“大文化（Big Culture）”和“小文化（Small Culture）”。前者指社会、政治、经济等上层建筑，后者则是日常生活和社会习俗。对于海外小学的汉语教学而言，文化教学更多的是小文化的教学。美国应用语言学中心2013年的数据表明，83%的中小学外语教师在他们的课程中，都把语言交流和文化作为教学的中心。文化传播是开展语言教学的基础，有时甚至需要优先于语言教学，特别是在对海外中小学的汉语教学中，“文化优先”的教学思路更加有效。美国小学生对于汉语的学习动机很大部分来自他们对与自己文化有很大差异性的中国文化的各种表现方式的好奇与兴趣。

【案例收集：美国小学生对于中国文化的兴趣；D小学，小杨老师提供①】

我所任教的小学（Dearbom Heights Thome Elementary School）的第一堂汉语课就是了解学生对中国的认识以及学习中文的原因。我们分别对1~5年级的460名学生进行了调查。调查的结果显示，无论是哪一个年龄阶段，他们对中国的认识以及为什么学习汉语的动机都与中国文化紧密相关。其中学习中文动机第一位是“喜欢中国文化和元素”，而对中国的认识他们几乎大部分都提到了“龙”“熊猫”“中国功夫”“茶”“中国字”“中国食物”。

文化教学的分类很多，为便于小学教师操作，本研究从“教

① 杨静林：《美国小学对外汉语课堂教学文化引入与介绍模式》，《四川教育学院学报》，2010年第6期。

室内的文化教学”和“校园内的文化教学”两个部分进行分析。至于“社区范围的文化教学”，详见第九章“美国小学汉语教育资源的整合利用”。

二、教室内的文化教学

文化教学在美国中小学汉语作为第二语言教学中十分重要，但是对于文化的讲解，美国小学校方往往没有指定教材和教学内容，大多由汉语教师自己设计。

这就需要小学汉语教师对中华文化有全方位的了解，保持文化敏感，寻求合适的切入点。我们认为，“教室内的文化教学”侧重于文化知识的介绍、分享、对比，教师可控制性较强。

1. 文化教学内容选取

美国小学汉语教师在选择课堂文化教学内容时，应该考虑这样几个原则：

1）结合中美节日讲解中国文化

中国的节日有许多，春节、中秋节、端午节、重阳节等节日都可以作为切入点来讲。如果时间有限，可以讲解中秋节和春节两个节日。在美国的主要节日，如圣诞节、感恩节、儿童节等节期，也可以适时进行中美文化对比。

2）根据学生的年龄特点讲解中国文化

很多美国小学生喜欢中国的剪纸、中国结、书法和绘画等视觉性比较强的文化形式，教师可以结合学生的这些喜好，引入剪纸、中国结、书法和绘画的文化部分，讲解这些工艺的由来及文化底蕴，并教授其制作过程和制作方法。

3）结合中华文化的优秀素材讲解中国文化

中国文化博大精神，如何结合优秀的素材讲解中国的文化，也是一门学问。现举一些例子进行说明：

人物：孔子、李小龙、朗朗

地理：长江、黄河、珠穆朗玛峰

文化标志物：国旗、国花、国歌、龙图腾

古代四大发明：造纸术、火药、印刷术、指南针

歌舞：古筝、古琴、民族舞蹈

书画：中国画、文房四宝

戏剧：京剧、昆曲

饮食：茶、中国菜

器物：风筝、瓷器

体育：太极、武术

历史事件：郑和下西洋、丝绸之路

【案例收集：利用北京奥运会开幕式讲解中华文化经典；小王老师】

最能展示中华五千年文明，又能展示中国当代发展的一个缩影就是北京2008年奥运会开幕式表演。开幕式演出有英文解说版。结合这个素材，首先给学生播放英文解说版本的北京2008年奥运会开幕式演出片段，再结合其中出现的日晷、卷轴、古琴、琵琶、京剧、四大发明、汉字等内容，引出这些文化点，向学生展示文化点背后的内涵。

【案例收集：在美国小学讲解京剧文化；小刘老师】

我在美国ROGUE RIVER等小学进行文化教学时，介绍了京剧。我通过各种视频、音频和图片向学生们讲授了京剧的历史、特点、主要角色、名人名角等。此外，利用京剧服饰和京剧脸谱中不同颜色的不同意义，引入了汉语中对于颜色的理解，最后让学生自己尝试着画了一幅京剧脸谱。

2. 文化教学步骤

对美国小学生的文化教学可以分为直观展示、知识讲解、互

动参与、文化对比、汉语学习等步骤进行。下面以“春节”为例进行分析。

直观展示。运用直观形象的文化展示模式非常适合小学生的年龄特点及心理特点，可以刺激思维过程，起着促进注意力发展的作用。展示的媒介可以是视频、图片、实物等。直观展示可以与知识讲解适当结合。

知识讲解。春节是个很大的话题，要在有限的时间里把春节的来龙去脉和各种习俗全部讲一遍，并且给学生留下印象并非易事。针对美国小学生的特点，可以侧重春节的由来、习俗、过程、饮食等。由于教学对象是低龄学习者，在给小学生讲解的过程中，侧重点应该放在春节的故事性上面，比如可以从“年”的来历、“除夕”的来历入手，让学生思考诸如“年最怕哪三样东西”“人们后来为了驱赶年，都做了些什么”等问题，由此来引出春节的传统习俗。比如“年”害怕红色，害怕声响和亮光，就可以引出春节相关的习俗——贴“福”字、挂春联、送红包、剪窗花、放鞭炮等。另外还可以从时间上来进行串联，从腊月二十三一直到正月十五，都有什么习俗，这就比较容易让没有任何文化背景的学生接受。也可以将现代春节的一些特色介绍给学生，比如春运、春晚等内容。

文化对比。可以让学生将中国的春节与美国最大的节日圣诞节进行对比，以发现和找寻中西方文化的差异。

互动参与。可以让成果进行展示。学生自己来制作红包、写“福”字并互相赠送，或者剪出立体的“春”字。很多学生看到“春”字的手工成品会感到惊讶，当自己完成了作品之后，很有成就感，并且他们觉得立体的“春”字很像圣诞树，因此产生了文化共鸣，教学效果会比较理想。[①]

汉语学习。如果可能，可以从文化点中选择一些最基础的内容进行汉语教学，如“新年”“快乐”等字词，以及一些简单的表达“新年好”“春节好”等。

直观展示	知识讲解	文化对比	互动参与	汉语学习

图 5-12　文化教学步骤示意图

【课堂教学案例：春节文化习俗介绍；M 小学，小范老师提供】

1. 教学目标：讲解中国人过春节的习俗，教授学生用中文说“新年快乐”，讲解“福”文化。

2. 教学思路：选择在临近中国新年的时候进行。

3. 教学方法及教具：直接法、听说法；故事书、“福”字及带有福字的荷包、白纸和蜡笔。

4. 教学步骤：

①备课时，准备春节相关的道具“福”字，印有“福”字的荷包以及一本带有丰富图片的有关中国春节的儿童读物。读物里面的图片包括了中国人过年吃的饺子、年糕，还有如何贴对联、福字，如何放烟花、挂灯笼等图片。

②向学生展示这本书，在介绍有关中国春节习俗的同时展示图片，介绍完春节的基本信息后，向学生讲述一些自己经历的故事，以增强教学的生动性。

③开始教最简单的新年祝福语——“新年快乐”的中文说法。向学生发放早已准备好的纸和红色的蜡笔，并为他们示范如何书写“新年快乐”几个字以及“福”字。学生的积极性很高，虽然

① 傅怀华：《中国文化海外教学案例——美国中小学中国春节习俗系列活动课设计方案》，《世界汉语教学学会通讯》，2013 年第 3 期。

只是单纯的模仿，也非常认真。

④成果展示：请学生互相说新年快乐，并展示自己书写的祝福语。

三、校园内的文化教学

1. 美国小学校园内的文化活动

美国小学主要通过多样的校园活动组织形式，打造丰富的文化环境、开展有趣的文化活动。美国小学校园内的文化活动可以分为“课堂延展类”“集体活动类”两大类。

1）课堂延伸类文化活动

这类活动是以小班为单位，大多为课后兴趣班、课外调研小组等。美国小学课后兴趣班的教师多由学校的全职教师兼任，教学内容大多体现了与平时课堂内容的相关性和延展性；课外调研小组大多以教师组织学生在校园周边开展实地观察的形式为主。

美国小学生的平均放学时间是在下午的三点至四点，而大部分家长的下班时间是下午五点，这就造成了美国小学生在放学后的两三个小时内处于需要托管的状态，于是应家长要求大部分学校开设了托管项目。部分美国小学教师义务承担起了托管任务，他们充分发挥自己的特长为学生组织各种活动，并逐渐形成了门类丰富的课后兴趣班。例如，R小学的小提琴兴趣班、H小学的美工兴趣班、M小学的陶艺兴趣班、V小学的生物兴趣班、A小学的地理兴趣小组等。

M小学课外活动中的陶艺课堂，开展得很有特色，其教学情况如下：

【实地观察：美国小学陶艺兴趣班；M小学，小怡老师实录】

教学地点：可以容纳六十人的美术教室，教室中有烤炉、陶土原料、雕塑区、绘画区、展示区、储藏区、盥洗区和教师办公区。

任课教师：学校美术教师

参与学生：混合年级学生。学校某些班级的课堂教学在放学前就结束了，但是学生不可以提前离校，所以可以选择在美术教师、音乐教师或者体育馆活动。

课程内容：由于临近美国的马丁路德金纪念日，所以老师教学生画肖像并烧制和平纪念奖章。（见图 5-13）

图 5-13　M 小学课后兴趣班的陶艺制作

2）集体类文化活动

校园大型集体类活动是以全体学生为单位的大规模实践活动。这类活动有学生才艺展演、专题文化展览、舞台剧表演等。例如，R 小学的“石头汤活动”就是有代表性的校园大型集体活动，其具体设计组织情况如下：

【案例收集：美国小学户外文化活动；R 小学，小怡老师提供】

R 学校的“石头汤”活动每年举办一次，它是全校师生家长共同参与的大型集体活动。活动以传统民间故事“石头汤”为剧本展开设计。活动历时两天，第一天全校家长需要给班级捐献蔬菜，不限量也不限种类；教师组织全班学生一起洗菜切菜；放学前将大家切好的蔬菜丁集中在体育馆；学校当天晚上负责煮汤；

第二天全校师生家长集体观看由教师和家长导演，学生表演的话剧“石头汤”，然后全校师生家长分享石头汤。教师负责组织纪律管理，家长负责分汤，部分农场家庭负责为本次活动提供面包。最后班级年级混合，师生家长在教室中以野餐的形式共进午餐。通过本次活动，学生学会了分享与互助合作。（见图 5-14）

图 5-14　R 小学师生家长共同参与的集体活动

从上述活动案例可以看出，美国小学校园的集体活动多在周末举办，开展活动的目的在于培养学生的交际能力、引导学生互助合作、开拓视野补充知识等。另外由于周末集体活动要求学生和家长一起参与，体现了“亲子活动”的特色，所以也起到了促进家长和孩子相互了解的情感培养的作用。

2. 美国小学校园内的中华文化活动

1）课堂延展类文化活动

汉语教师应充分利用校园汉语学习环境，从而使学生通过课堂学习、课外活动和社会语言环境里的交际活动等途径学习并了解中华文化。

作为课堂延展性教学的课外活动，其在活动空间和范围上有足够的自由度和选择性，因此汉语教师可以利用课外活动，设计丰富的室内外互动合作的文化活动。

【案例收集：课堂延展类文化活动；A 小学，小马老师提供】

汉语教师小马针对一年级学生设计了“中国在身边”的调查活动。她让孩子们利用课后时间两人一组，在校园内的各种学生物品上寻找与中国相关的事物，并登记下来，回家后告诉自己的家人和朋友。通过调查，学生们发现了自己经常使用中国制造的商品，找到了自己与中国的亲密联系，从而对学习汉语产生了兴趣。

上述案例中的汉语教师在活动创意方面有很多特色，比如她注重引导学生关注校园生活中丰富的汉语资源，使学生形成对中国文化的亲切感，同时在活动具体操作中采用小组合作形式，并且充分体现“发现式”学习的自主性和趣味性。

2）集体类文化活动

校园集体文化活动具有影响力大、受众广的特点，因此是美国小学汉语教师在校园范围内推广汉语教学、传播中国文化的好机会。美国小学校园集体活动是学校教育乃至家庭教育不可或缺的重要组成部分，各种校园集体活动都体现了学生、教师、家长共同参与的特点。因此，美国小学汉语教师可以在校园活动设计中，引导师生家长共同参与汉语活动，从而使参与主体多元化，扩大文化活动的影响力。汉语教师在设计校园集体文化活动时，应为参与者发挥创造力留有自由空间，使每位参与者在文化活动中开拓，体现个性化的参与过程，因此应避免太多的静态展览性活动。

图 5-15　小怡老师举办中国年校园文化活动

【案例收集：中国年校园文化活动；R 小学，小怡老师和小阳老师提供】

汉语教师小怡和小阳一起设计组织了“中国春节联合庆祝活动”。她们在活动开始前一周教学生剪窗花、写对联、做灯笼，从而在完成中国年文化教学的同时为布置庆祝会场准备了充足的资源。在活动当天，两位汉语教师带着学生张灯结彩布置环境，学习包饺子，并举行了互赠祝福语和制作红包的活动，最后本次活动在师生一起演唱中文歌曲“新年好”中完满结束。本次活动在全校范围内产生了积极反响，很多其他年级的学生都表示对汉语课堂产生了兴趣。（见图 5-15）

图 5-16　美国 Shearer 小学书法教学①

上述案例给予我们的启示在于，汉语教师在美国小学情境中调动各种资源和力量，扩大校园内中华文化活动的影响力，巩固并提升了汉语教学在美国小学中的地位，并传播了中华文化。

①　照片由美国 Kentucky 大学汉语志愿者教师王龙吟提供。

第六章　美国小学汉语教学方法与课堂活动

课堂教学是教师有意识的教学行为安排，是教师在充分考虑教学系统中各种条件的基础上有意识选择的社会行为，是构成教学活动的细节和内容，是教学的核心和实体部分。”[①] 美国小学的课堂教学是通过科学合理的课程安排、全面生动的教学内容、灵活多样的教学方法以及丰富有趣的课堂活动共同来实现的。

第一节　美国小学汉语课堂教学方法

教学方法是指为达到教学目的而采用的教学途径和手段，教学方法的选择无疑对语言教学效果起着关键性作用。美国外语教学中曾一度以语法翻译法和听说法为主，这种传统的方法曾经主导着美国中小学的外语课堂教学。在“教学法支配”的时代，刻板地遵循某种固定的教学方法程序往往会使教学变得机械，教学法很可能变成一种套在教师身上的无形枷锁。因此，应该跳出单一方法的桎梏，充分领会各种方法的长处与短处，并将各种方法融会贯通，最终达到一种能运用自如、得当的境界。[②]

近 20 年来，在《21 世纪外语学习标准》以交际为基础的“5C”原则的指导下，美国外语教学开始转向对学生交际能力的培

---

① 陈晓端：《有效教学理念与实践》，西安：陕西师范大学出版社，2007 年。

② 许和平：《后方法时代汉语教学的反思与前瞻》，见《中文教学方法的反思与发展——美国加州中文教师协会 2009 年秋季研修会侧记》，《世界汉语教学学会通讯》，2009 年第 3 期。

养，即在最大限度地注意交际、最小限度地注意形式的情况下鼓励学生创造性地运用语言。

20 世纪 90 年代末，加拿大、澳大利亚、日本、韩国及欧洲等国家也都制订了 21 世纪语言课程标准。在所有新的课程标准中，没有一个标准明确提出要采用某一种教学方法，但几乎都提出了教学应以学生为中心的原则，提倡采用多种教学活动，设置尽量真实的语言情境，使学生能够使用语言做事情，通过做事情来促进学生语言运用能力的发展。

一、美国小学课堂教学方法

美国小学外语课堂轻松愉悦的氛围以及丰富有趣的课堂活动，成为了大多数美国小学生选修外语课的原因。儿童时期的小学生学习外语的兴趣多以直接兴趣为主，直接兴趣是指对事物本身感到需要而产生的兴趣。第二语言学家克拉申认为，大量理解性输入要经过情感过滤，一部分进入“语言习得机制”被吸收，另一部分则被排除。因此，为了使语言输入尽量多地变为语言吸收，美国小学外语教学强调外语教学方法的多样性和趣味性。

小怡老师在美工作期间，分别观摩了四所美国小学的外语课堂，并根据十二次课堂观摩，总结出了美国小学外语教学常用的方法，详见表 6-1。

表 6-1　美国小学外语教学常用教学法调查统计表

序号	教学法名称	举例
1	演示操作法	H 小学西班牙语教师在教学中使用教具进行演示，并引导学生用目的语进行模仿。
2	自由互动法	T 小学西班牙语教师将学生分组，组织小组间进行自由互动练习。
3	音乐律动法	O 小学法语教师利用音乐进行教学，让学生在节奏和律动中快速记忆。

续表

序号	教学法名称	举例
4	情景表演法	T 小学西班牙语教师利用卡通情境演示道具讲故事并进行语言训练。
5	全身反应法	O 小学法语教师通过幽默夸张的舞蹈动作配合语言教学内容进行教学。
6	总结归纳法	M 小学西班牙语教师引导学生用调查研究的方式总结归纳知识点。
7	游戏教学法	H 小学西班牙语教师采用“西蒙说”游戏以词汇接龙比赛形式教授词语。
8	合作学习法	M 小学西班牙语教师通过组织不同年级学生的合作学习完成语言练习。

由上表可知，美国小学外语教学方法多样灵活，鼓励学生通过视、听、触、嗅、动和思悟等途径，多感官地参与到教学活动中来，从而激起学生的学习兴趣，降低消极情感过滤，提高学习效果。美国小学强调学生的参与和体验，强调采用多种形式的教学活动，从单纯的机械训练和语法讲解转向培养学生的综合语言运用能力，并特别强调表达能力、思维与想象能力以及分析问题和解决问题的能力。

二、美国小学汉语课堂教学方法

由于国内的国际汉语教师培养主要面向成人学习者，所以海外少儿汉语教学方法还未能引起国内汉语教师培训机构的足够重视。

美国外语教师可以根据学生水平和兴趣的需要，选择自己认为有效的方法进行教学。美国加利福尼亚州圣塔摩尼加（Santa Monica）综合学区的小学汉语课堂教学即是由教师根据学生情况，灵活选择教学方法的。

在美国小学汉语教学中，有针对性地选择适合美国小学生的汉语教学方法十分重要。据小怡老师调查，美国小学汉语教师认为适合美国小学汉语教学的教学方法多种多样，现选取其中的十二种，详见表6-2。

表6-2　美国小学汉语教学方法调查统计表

序号	教学法	教学案例
1	童话剧教学法	以双语故事书《下雪天》为蓝本，按图索骥讲解汉字。
2	情景教学法	分角色表演小蝌蚪找妈妈并融入会话练习。
3	音乐律动教学法	将目标语言点变成歌词，采用学生熟知的曲调来练习。
4	联想教学法	利用卡通图像与字形的相似特点进行数字词的教学。
5	直接母语式教学法	利用部分母语发音与汉语字词的相似性加强语言学习。
6	自然教学法	打造“阳光中文角”的中国语言文化隐性学习环境。
7	全身反应法	利用声调操学习声调；边跳边唱健康歌来学习身体词汇。
8	游戏教学法	用边说汉语边玩“老狼几点了”游戏练习词汇和句型。
9	戏剧教学法	利用木偶戏的形式表演“十二生肖”的故事。
10	交际教学法	设计“丝绸之路”活动练习购物会话并介绍中国历史。
11	任务教学法	设计“猫的早餐”活动练习食物词汇，并做句型替换练习。
12	环境暗示感应法	学生记住最喜欢的颜色词汇并在教室内收集相应的物品。

外语的学习不仅仅要求学生学会识别句子结构、掌握句子语法功能、造出符合语法规则的句子，更重要的是使学生懂得如何恰当地使用语言，流畅地使用外语和别人进行交流。因此，汉语教师应运用多种方法，尽力为学生提供大量真实、自然的言语交际情境和创造性运用语言的机会，以大大增强学生的语言交际能力。

第二节 美国小学汉语课堂活动设计

美国小学生在课上有较多的课堂活动时间，课堂上教师最重要的任务是“创造有利于学习的环境”（Create the condition in which learning can take place）。课堂活动的组织是课堂教学的生命，课堂活动的有效与否直接影响教学活动的开展，因此课堂活动的设计尤为重要。

一、美国小学课堂活动设计

1. 美国小学课堂活动互动性强

课堂活动互动性强是指外语教师在选择教学方法时注重让学生积极参与，并在集体活动中共同学习。互动性强的课堂活动可以活跃教学气氛，帮助儿童集中注意力、提高记忆效果，还可以培养儿童对外语学习的积极情感，因此在儿童早期语言习得课堂中发挥着重要作用。

在互动性强的课堂活动中，美国小学外语教师会尽可能多地为学生提供参与活动的机会。下面以情境表演法的课堂活动教学案例来加以说明。

【案例收集：西班牙语课堂情景表演活动；G 小学，小叶老师提供】

我们学校的西班牙语老师 Ceceily 为学生排演了蔬菜情境表演剧，她为学生的表演设计了有趣的服饰和道具。在情境表演中每个学生都有角色，都有台词，而且在表演中还穿插了歌曲环节。（见图 6-1）

从上述案例可知，美国小学外语教师在教学时注重每个学习

图 6-1 美国小学教师设计的蔬菜情景表演剧

者的参与互动。案例中的美国小学外语教师让每个参与者都有使用目的语表演台词的机会，从而保证了学生的开口率，强化了语言活动练习的目的。

少儿的外语教学必须和学习者的智力与情感发展水平相适应，提倡让学生“玩语言”，在互动中学习语言。比如情景表演可以激发孩子们的互动性和参与意识，所以在教学时多采用趣味性和参与性较强的角色扮演，有助于提高少儿汉语教学的教学效果。

2. 美国小学课堂活动对象性强

课堂活动对象性强是指教师根据学生特点选择适当的教学方法，并有针对性地设计课堂活动。

由于小学生认知能力有限又积极好动，所以美国小学教师会抓住学生的特点，选择内容比较简单、富有节奏和旋律、内容不断重复的课堂活动方式，然后再运用“全身反应法”“情景表演法”“音乐律动法”等方法，引导学生进行情节表演，而且在表演中突出情节的趣味性。另外，美国小学外语教师会考虑到小学生生活阅历有限的客观情况，有针对性地选取学生们熟悉或感兴趣的教学内容，然后用“演示操作法”“自由互动法”等方法，引导学生在充分理解教学内容的基础上强化记忆。

据观察，美国小学教师将音乐律动法广泛应用于美国小学教学的所有课堂教学活动中。由于音乐律动对于每一个有生命的实体来说都有强烈的刺激作用，可以调动右脑情绪脑的开发，激发语言学习的兴趣和动力，所以比较适合少儿外语教学。

图 6–2　美国小学教师的音乐律动法外语教学

3. 美国小学课堂活动合作性强

合作性强是指课堂活动中教师设计小组任务，使得学习者能够在小组活动中积极配合，从而提高语言学习效率。①

儿童之间会相互学习，也渴望与伙伴交往，采用小组活动的方式可以培养儿童之间良好的合作意识及协同意识。语言最大的功能就是交流，在美国小学外语教学过程中，学生能否掌握这门语言并用以交流离不开学生们之间的相互合作。合理的课堂分组能促使学生有效地合作，在没有压力和竞争感的情况下，更好地

① 陈晓端：《有效教学理念与实践》，西安：陕西师范大学出版社，2007 年。

掌握这门语言。教师经常鼓励学生分组讨论、分组练习，课堂的桌子也可三五成团或成圈地摆放以方便学生进行小组讨论。学生可以随意选择自己喜欢的小组，也可多组进行讨论、辩论或共同研究。课堂分组的形式多种多样，可二人一组、三人一组、四人一组，甚至根据活动的需要，多人一组，每组分别由班导师及助理教师辅导学习。教师经常会根据学生的进度和任务的不同给学生安排不同的学习内容，如同一时间段有的学生在进行阅读，有的在玩数学游戏，有的在“科技角”研究昆虫等。

图 6–3　美国小学教师设计的小组讨论

当然，如何进行合理的分组以促进合作也是一门学问，“动静结合”的分组合作方式是一种较为科学的方式。有些学生性格外向，善于表达也敢于表达，总能最积极地参与课堂活动，这类学生可称为“动”；还有一些学生，性格安静、内敛，不善于或不愿意在大众面前展示自己，这些学生是所谓的“静”。如果让学生自由结合，则往往性格相似的学生更容易走到一起，性格安静的学生则可能不能更好地参与其中。合作学习中，美国老师运用“动静结合”的方式可以使学生很好地完成合作任务。

二、美国小学汉语课堂活动设计

小怡老师在调查中发现，汉语教师在初到美国小学开始汉语教学工作时，面对从未接触过的美国小学生和陌生的美国小学课堂教学环境，他们的困惑在于如何能更好地设计课堂活动：

A. “小学生的注意力集中很短，如何在短时间内进行高效教学变得尤为重要。”

B. “小学生的认知水平有限，如何将抽象的知识具体形象化变成了教学的关键。”

C. “小学生的学习动机弱，如何采用生动有趣的课堂活动变成了教学的主要任务”。

因此，美国小学汉语教学课堂活动应体现以下的特点：

1. 体现教学的合作性、互动性

【案例收集：分组进行课堂活动；R 小学，小蕾老师提供】

我开始时教的是大班，不过由于学生太多，每个学生单独练习的机会太少，这样出现的语言偏误就很多，如果以后化石化了将很难纠正。后来我把班级分成了小组教学，每组 5~8 人。小组教学时容易设计活动且实施起来比较容易，比如拍卡片或者让学生来当小老师。在学习新课内容的时候可以进行小组教学，在复习的时候可以进行大班教学。

【案例收集：合作进行课堂活动；加州某小学，小邓老师提供】[①]

我在美国小学进行了合作教学的尝试，运用了多种合作教学方法。

① 案例选自美国小学汉语教师小邓老师的微信平台（ID：denglaoshi_ us）。

计时分享（timed-pair-share）：这是我课堂上最常用的一个活动。我问一个问题，两人一组，学生 A 和学生 B 分享 30 秒，然后学生 B 再和学生 A 分享 30 秒。更好的做法是问完问题后允许全班安静地想 30 秒，谁都不能说话，给予思考的时间是非常重要的。

两真一假（Fact or Fiction）：老师问一个问题，学生要想两个正确的答案及一个错误的答案，然后其他人要把错误的答案改过来。由于还要想一个错的答案，这有助于提高学生的思维水平。这个游戏也可适用于一群刚认识的人的聚会，十分有利于破冰活跃气氛。每个人分别说出三个关于自己的事实，两个是真的，一个是假的。

在美国小学汉语教学课堂活动的具体实施中，教师应注意以下原则：尽量设计真实语言任务；有时可以合理改变课堂的座位安排；适当进行游戏或分组活动；适当变换成员组合，或指定或自选，避免形成等级差异；课堂指令要简短、清晰、交代适当；活动的目的与任务要明确、责任到人，激励学生的充分参与；合理控制与安排学习与活动的时间等等。

2. 体现教学的对象性

爱唱好动是儿童的天性，加上汉语的韵律感可以通过音乐加以凸显，因此汉语音乐律动教学为广大儿童学习者喜爱。与音乐相关的汉语歌曲或歌谣由于具有节奏、韵律，易激发美国小学生的快乐情绪，所以可以有效地维持学生的汉语学习动机，有利于调节课堂气氛。另外，朗朗上口的歌词还有助于培养学生地道的汉语语音和语感。

据调查，部分新手汉语教师在工作中，一方面乐于向美国教师和学生学习美国小学生喜爱的歌曲，一方面善于寻找适合汉语教学的歌曲，有音乐特长的汉语实习教师还进行了歌曲改编和创作。下面以一则较成功的音乐律动汉语教学为例，就如何在汉语教学活动设计中体现教学对象的心理特点进行分析和探讨。

【案例收集：音乐律动法成功案例；A小学，小君老师提供】

最近学生们在音乐课上学习了歌曲《彩虹》，曲调欢快悦耳，深得学生的喜爱。学生们上课唱，下课也唱。看到这首歌如此受欢迎，我在原曲调的基础上改编了歌词，将歌曲与我的汉语教学中的目标词汇和句型结合了起来。当我在汉语课上演示并向学生翻译歌词后立即引起了学生的共鸣，同时我在引导学生学习歌曲时画出自己在美国的家以辅助歌曲表演，所以学生们很快就记住了汉语歌词。由于曲调熟悉、歌词押韵、含义简单、易边唱边跳，所以学生在当堂课上就学会了这首歌，同时记住了汉语词汇和句型。

歌词内容为："中国和美国都很大，欢迎你来我家。我们一起唱歌，一起跳舞，一起长大。"其中"唱歌""跳舞""长大"为新词汇，"欢迎+Sb+来+Someplace"和"一起+V."为新句型。

上述案例中的汉语教师主动学习学生们喜爱的歌曲，并通过歌词改编的形式将歌曲与汉语教学结合了起来。在歌词创作中，教师能够注意结合学生的活动特点和儿童心理；在教学过程中，教师能够运用多感官教学方法，从而达到了较好的教学效果。其效果如下：

a. 选择能够引起学生共鸣的歌曲

由于汉语歌曲的曲调对于美国小学生来说比较陌生，学习起来比较费时间，所以对小学生来说比较适合用学生耳熟能详的英文歌曲调并结合汉语歌词改编进行教学，这样可以使学生将注意力集中在目的语学习上，并利用熟悉的旋律和节奏辅助汉语记忆。

b. 选择的歌曲内容要尽量贴近儿童的生活经验

教师为学生选择的歌曲应是学生熟悉和关心的内容，以方便学生根据自己的生活经验来理解和记忆，如范晓萱的《健康歌》《我爱洗澡》等。此外，汉语教师选择的歌曲还要避免内容的单一化，应尽量广泛挑选各种题材的歌曲。如可以选择学生熟悉的描述动物植物、季节天气、日常用语、身体部位、蔬菜水果等主题的儿童歌曲。例如，上述案例中“欢迎你来我家”“一起唱歌”“一起跳舞”等语句都是小学生之间日常交往的常用语言，学习相关的词汇句型对学生来说有实用性。

c. 多选用能伴随动作表现的歌曲

歌曲有一定的韵律和节奏，而美国小学生活泼好动，较适合在边唱边做动作中学习汉语歌词。因此教师可选择富有动作感的歌曲，让学生边唱歌边表演，这样有助于儿童记忆歌词，促进语言和动作的协调性，培养他们用汉语进行表演和交际的兴趣。

d. 运用多种方式促进学生对歌曲内容的理解

根据歌词内容，教师可让学生通过画图、做道具、做游戏等方式引导学生将歌曲内容多样化地表达出来，同时鼓励学生对歌曲内容的创意改编和进一步充实，以激发学生运用汉语进行情感表达的兴趣。例如，上述案例中的汉语教师引导学生在学习歌曲时画出自己的家园，并以此作为演示道具，用以丰富学生的个性化汉语歌曲表演。

第三节　美国小学课堂游戏设计

一、美国小学课堂游戏设计

美国小学教育十分强调兴趣的重要性，“学校是有趣的”（School is fun）、“游戏的作用巨大”（Play is powerful）成为美国小学吸引学生的口号。在实地调查中我们发现，美国小学外语教师普遍注重游戏教学法的运用。美国小学外语教师在运用“游戏法”进行教学时，会考虑学生是否理解并能自如表达游戏所用语言，这样学生才会感到语言是有用的。而且在游戏的进行中，教师会不断鼓励学生进行有效沟通，从而使目的语在每个游戏中发挥着最重要的作用。

美国小学生会将任何设计完善、效果较好而且他们很喜欢的语言练习活动看作是有趣的“游戏”。成功的游戏往往并不复杂，不需要过多的解释和规则。有经验的教师明白，只需要稍稍增加竞争的元素，或者增添一丝神秘感，或者来一点惊喜，原本缺乏趣味又必须完成的教学练习就可以变身为游戏教学。据我们观察，美国小学外语课堂的游戏教学能够自然地融入主题讲解和词汇学习，保证每一个游戏教学都是为了语言练习和自然习得而设计。

【案例收集：美国小学教学中的规则性游戏；M 小学，Mark 老师提供】

规则性游戏“HedBanz for kids”在美国小学外语课堂中很受学生欢迎。游戏规则是这样的：一名学生取一个眼罩戴上，在不看词语牌的情况下，将一张词语牌面贴在眼罩外。桌面中央作为银行，用以储存词语卡。用沙漏计时的同时，戴眼罩的学生需要根据别人的答语猜出自己头上贴着什么单词。比如学生要问“我可以吃吗?”“我有生命吗?”“我是什么颜色?”“我可以做什么?”“我很大还是很小?”等问题。如果这名学生在沙漏限时内猜出单词则可进行新词猜测，猜对的词放于银行进行储蓄，规定时间内银行里积累单词多的玩家获胜。

上述案例规则简单明晰，互动性、可操作性强，玩家和同伴在紧张而愉快的快速问答中，以猜词比赛为目的，自然习得所学的相关词汇与句型，同时银行单词储蓄值规则的设计，可以让游戏参与者获得真实的成就感。

二、美国小学汉语课堂游戏设计

游戏是儿童的主要活动形式，也是对儿童进行汉语教学的最佳方法之一。游戏可以活跃教学气氛，帮助学生集中注意力，提高知识记忆效果，因此我们所调查的美国小学汉语教师在汉语教学实践中积极尝试运用游戏教学法，通过组织有趣的游戏达到寓教于乐的目的。但是我们还发现，部分新手汉语教师在运用游戏法进行教学时，在设计方面仍需加强。下面以一则汉语游戏教学为例，加以探讨。

【案例收集：汉语教师运用游戏教学法出现的问题；R 小学，小怡老师提供】

我设计了一次以“丝绸之路”为主题的汉语游戏教学活动。首先，我用英语给学生讲述了中国古代丝绸之路贸易的背景，然后将学生们带到了活动教室进行游戏。我事先布置了活动教室，学生需要通过一条“路”到达中国商铺，教师扮演商铺老板出售各种中国手工艺品实物，学生需要模拟真实的购物情况购买一样商品。游戏受到了学生们的极大欢迎，但美中不足的是学生在参与过程中没能积极地运用所学汉语交流，另外学生容易忘记游戏规则，而且活动超时了近 15 分钟。(见图 6-4)

图 6-4　小怡老师设计的丝绸之路游戏教学

上述案例巧妙地将语言与文化加以结合，同时通过情景打造为学生提供了接近真实的购物交际环境，从而引导学生主动而自然地运用汉语进行交际对话，并在有趣的活动中尝试完成有意义的交际任务。但是，游戏在设计环节中出现了一些不足。结合小怡老师活动中出现的问题，我们认为美国小学汉语教师在运用游戏教学法时，应注意如下问题：

A. 增强目的语的融入性，从而明确互动的目的

游戏应当为教学服务，即游戏作为一种活动形式，其目的是引起学生的参与兴趣，并最终实现教师预定的目的语教学目标。因此，无论设计何种游戏都要始终围绕教学目标，增强目的语的融入性，控制好游戏过程中的语言重点，而不是单纯重视游戏的娱乐性却忽略其语言教学性。在上述案例中，教师要求学生购买一种商品，但是却没有给出相应的交际对话参考，以便让学生顺利完成任务的设计，这显然没能充分考虑参与者的汉语水平。因此，教师在设计游戏时应始终围绕目的语教学，明确互动游戏活动的语言学习目的。

B. 把握时间的适宜性，从而保证互动的完整

美国小学汉语教学的课时有限，因此教师在设计互动教学时应充分估计游戏的节奏和时长，适当调整游戏组织形式，从而保证在计划时间之内完成整个流程。这样不仅可以保证教学的完整性，而且可以保证学生良好的互动体验，从而实现游戏教学的预期效果。在上述案例中，教师很好地设计了游戏，但是在组织过程中由于没有控制好时间，导致了严重超时从而影响了互动效果。

C. 注意规则的清晰性，从而确保互动的质量

游戏规则是顺利完成游戏活动的一个重要保证，为了使学生都能参与到游戏中，游戏规则应当清晰，且保证不同汉语基础的学生能够理解。因此在介绍游戏规则时，教师的语言要浅显易懂，必要时可以使用母语辅助。同时，教师可借助自身的动作示范，

指导个别学生用动作示范来解释游戏规则。在上述案例中，小怡老师忽视了对游戏规则的强调，从而导致教师需要在游戏进行过程中不断向学生重复规则，这不仅拖延了时间，而且影响了互动质量。

D. 适当注入奖励机制，激发学生运用语言的积极性

所谓奖励，可以是实物，也可以是非实物，比如计分或学习鼓励性政策。恰当的奖励机制可以极大地调动和激发学生的参与精神。

【案例收集：在游戏教学中设置奖励机制；小李老师提供】

我在美国中小学的课堂中开展游戏活动时，实行积分奖励机制，即学生课堂上积极参与课堂活动、积极回答问题、积极表达个人观点即可获得 1 分，获得 10 分即可开始兑换奖品，学期末分数最高的学生可以获得一个更大的奖励。这套奖励机制从实行以来，有效地提高了学生参与游戏的积极性，特别是在利用汉语进行自我表达的时候，学生们更是表现出了前所未有的兴致。

三、美国小学汉语课堂游戏案例①

这里从词语游戏、数字文化游戏和口语游戏三个方面介绍一些有趣实用的、适用于美国小学情境的游戏。

1. 词语游戏

【词语游戏：争相拍苍蝇】

老师需要提前准备好两个苍蝇拍，并在白板上挂满各种词语图片。由老师说出图片的汉语名称，两名学生用拍子去拍正确的图片。谁先拍到就记一分，两人竞争，看谁的分数高，最后由分

① 部分游戏根据倪博、小邓老师的案例进行了修改，特此说明。

数高的学生领到奖品。

【词语游戏：大风吹过来】

学生围成一圈，每个人站定一个位子。老师说：“大风吹”，学生回答：“吹什么?”，教师说出一些学生身上的物品或者特征，比如“吹戴眼镜的人”。被大风吹到的若干学生（即拥有这些特征的学生）在听到这些特征后需要互换位置，而没有被风吹到的学生待在原地。这时教师会加入游戏中挤占一个位置，所以最后会有一个学生失去位置，这个学生就要接受一个小小的惩罚。以此类推，游戏继续。

【词语游戏：消失的词语】

儿童容易被突然增加或消失的事物所吸引，教师可以将事先分好类的若干词语在课前先写在黑板上，要求大家在规定的时间内记住这些词语。学生分成两组，每组选出一个队员，第一组的队员背对黑板，面向大家。第二组的队员将其中的一个词语擦掉，第一组的队员随即看黑板，将刚才所擦掉的词语说出来，并用该词语造句。用时短者或者猜出的词语多者获胜。

【词语游戏：昵称带回家】

在学完一类词语，例如“水果”“颜色”“身体部位”之后，由学生认领一个自己喜欢的词语作为自己下一周的“昵称”，以代替他们自己的真实名字。学生要尽快记住并称呼其他学生的每周昵称。这个游戏训练的是学生对常用词语的掌握情况。

2. 数字文化游戏

【数字游戏：喊数抱成团】

学生围成一个圈，随着音乐一边走一边跳舞。教师听着音乐喊出一个数字，如3，学生要按照老师喊出的相应的人数马上抱在一起。人数不符的小组输掉游戏，接受惩罚。这个游戏训练的是学生对数字的听辨能力。

【数字游戏：算出总数】

两个学生一组，在同一瞬间伸出自己的手，随意用手比出0~10的数字，两位同学需要算出两人数字之和。最先正确说出与同伴数字之和的学生即获胜。为了增加难度，也可以将游戏升级，算出差数、乘数等。

【文化游戏：跑到四角落】

老师提出一个文化主题，指定教室的四个角分别为四种不同的观点。学生赞同哪个观点就跑到哪个角落。这个游戏的最大特点就是直观有趣，活动后教师要告诉学生为什么会有不一样的意见。比如，可以让学生们说出京剧主要的特点：①角色类别；②服装特色；③脸谱含义；④武打特点；⑤唱腔特色。

3. 口语游戏

【句型游戏：你有和谁有】

每个学生拿一张卡片，卡片上写着“我有……，谁有……？”比如一位持有“铅笔”字样卡片的学生举着自己的卡片说：“我有铅笔，谁有尺子？”持有“尺子”卡片的学生要回应：“我有尺子，谁有橡皮？”以此类推。

这个游戏可以练习举行“有字句”的句型。

【口语游戏：双圈来交谈】

让学生均分成里圈和外圈两个组，外圈套住里圈，外圈学生的脸面向里圈的学生。两个圈的学生面对面就某个话题一对一进行交谈。大约3分钟之后，外圈的学生顺时针移动一个位置，面对里圈的下一个学生，并就另一个话题交谈3分钟。分享的话题可以与学生学习的内容相关，如自己的爱好、家庭、周末生活等等。教师可以让学生对另外一个圈的学生进行调查和统计，最后统一汇报。这个游戏适合大班教学。

【口语游戏：找人来签字】

教师给每个学生一张字卡，上面写着各种爱好（如滑冰、棒球、做饭等）。学生要找到有共同爱好的人并请对方签字。教师规定字卡上应签满的名字的数量，最快签满的同学获胜。这个游戏可以考查学生就某些简单话题用汉语进行交际的能力。

以上游戏具有这样一些共同特点：

1. 教学目标明确，训练目的的清晰；2. 游戏规则明了，可操作性强；3. 游戏充满趣味性。

美国小学汉语教师在教学中可以不断设计开发这样的游戏活动，以丰富课堂教学的进行。

第七章　美国小学汉语教材教具的设计

教材教具是重要的教学资源。教材是指教师为配合教学而为学生提供的以纸质书面形式呈现的学习材料，教师应该选择创编（select and create）有针对性的教学材料，并按学生的接受能力和思维水平（students' developmental process）对教学内容做出顺序上的编排。[①] 教材与教学内容有着密切的关系，在前文美国小学汉语教学内容的设计中，实际上已经对教材的编写进行了一定的探讨。教具是指用于教学的实物型教学工具，教具对于美国小学的教学来说也至关重要。美国小学汉语教材和教具的设计是开展美国小学汉语教学的重要保障，需要予以探讨。

第一节　美国小学汉语教材的编写

一、美国小学教材的编写情况

美国小学教师在教学中普遍没有教科书，他们认为没有一本教科书是完善的，所以他们更愿意自己收集材料来制作教材。我们认为，这一现象在很大程度上与美国小学教学情境的复杂性和学习者的复杂性有关，也与美国小学主题化教学理念以及包班制有着紧密的关系。美国小学每个班的课程由一位教师负责，因此每门课程并不要求具有独立性，从而使得教学具有一定的灵活性。

以华德福（WALDORF）学校为例，低年级的所有课程都不使

① 姬建国：《美国中卫教师培训与强化跨文化教学意识》，程爱民、何文潮、牟岭主编《对美汉语教学论集》，北京：外语教学与研究出版社，2007 年。

用教材，所有教学材料几乎都由教师协同准备或个别补充，同时也需要随时依据实际教学情况做出调整或修正。高年级所使用的教材也是作为教学辅助，目的在于尽可能地让每个学生的天赋特长都获得最大的发展可能。①

【实地观察：美国小学教师的教材；V小学，小怡老师实录】

V小学的Danni老师有着三十多年的教学经验，她从任教起就一直自己制作各种教材，现在班级里的储存间就是她个人的教材博物馆。她说平时她非常留意教材的收集，也善于学习他人的经验。通常她会将要教的内容写在一张大纸上，然后挂在黑板上。她也会设计各种练习性教材发给学生作为作业（见图7-1）。

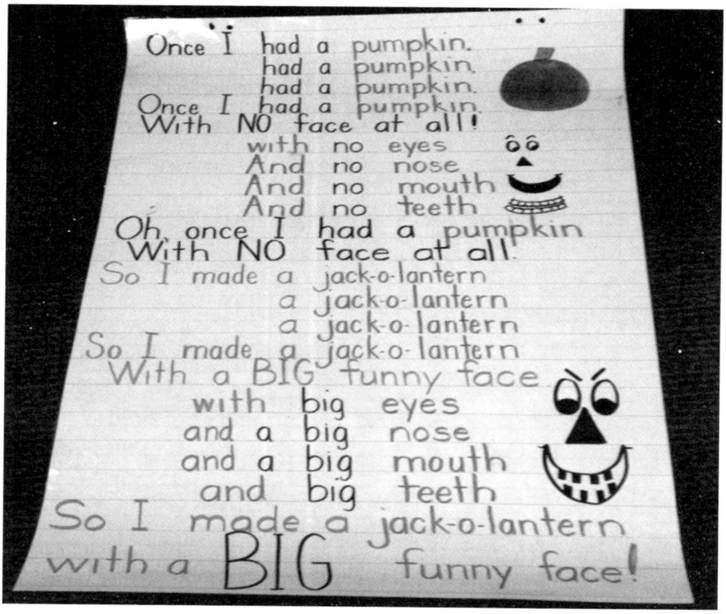

图7-1　美国小学教师设计的图文并茂的教材单页

① 范博：《对美国小学汉语教学的思考——以美国俄勒冈州尤金市M学校为例》，中央民族大学硕士学位论文，2013年。

【实地观察：美国小学教师的教材；V小学，小李老师实录】

有着22年教学经验的Sheryl老师告诉我：教师有权利选择他们使用的课本，因为只有老师才真正知道什么样的学习材料适合学生，并且教师可以选择2本到3本教材，然后让学生举手决定最后用哪个课本。学生也很享受选择的权利。如果我们的老师和学生都拥有相对的选择权，老师教这些材料和学生学习的时候会更加积极。谁也不愿意让别人设计好一切，那我们的创造性就会失去。①

研究表明，如果学生参与教材学习内容的选择，他们的学习自主性、积极性就会加强。② 我们认为，美国小学教师自编教材具有如下优越性：

a. 教学内容充实，选择自由。美国小学教师根据自己的教学目标自主选择教学材料，比如他们从网络、报纸杂志等媒体上选择教学内容，从而使教学材料来源更为丰富和与时俱进。

b. 教材设计中体现教师的个人情感创意。美国小学教师在制作教材中融入了自己的情感爱好，并发挥了自己的特长，从而使得教材更有亲切感，并体现原创价值。

C. 根据学生的具体情况随时调整形式。美国小学教师会针对学习者的具体需求对教材在排版、插图、注释等方面进行调整，从而使学生使用时更加方便。

二、美国小学汉语教学教材的编写

1. 美国小学汉语教材的出版情况

---

① 李亚利：《中美中小学课堂教学比较研究》，陕西师范大学硕士学位论文，2010年。

② 参见Blumenfeld，Peterlia：Computer－Supported Negotiation of Course Contend，Computer and Education，2009：40。

近些年，国际少儿汉语教材建设得到了一定的发展，出版的教材有面向日本儿童的《汉语顶呱呱》系列以及面向泰国儿童的《体验汉语》（小学版）系列等。在美国，儿童汉语教材和小学阶段的汉语教材在21世纪之后得到了一定的发展，在国家汉办的带领下，出版了不少教材，如《快乐汉语》《长城汉语》《跟我学汉语》《新概念汉语》等。商务印书馆出版了《阳光汉语》、北京大学出版社出版了《美洲华语》、北京语言大学出版社出版了《汉语乐园》等。香港地区也出版了一些儿童汉语教材，如大华风采有限公司出版的《快乐幼儿华语》和《快乐儿童汉语》。此外，香港三联书店出版的《轻松学汉语》也在一定范围内得到认可。台湾方面，远东图书馆公司出版了《远东少年中文》和《远东天天中文》。美国国内出版的教材中比较受欢迎的是Cheng&Tsui公司在2007年出版的《飞向中文》（Flying with Chinese）。上述教材在很多方面均体现出先进的编写理念，内容也较为丰富。但由于诸多原因，美国小学汉语教材在本土化实用性方面仍有较大的提升空间。

2. 美国小学汉语教材编写要考虑的因素

我们认为，在美国小学汉语教材的编写和使用方面，要考虑静态因素和动态因素两个方面。

所谓动态因素，就是要考虑教学情境的复杂性以及主题化教学的需要，使得教材编写和使用具有开放性。汉语教学应融入美国小学的教育制度中，因此教材的编写和使用方面要适当借鉴美国小学教师对教材的编写和使用情况。

所谓静态因素，是将汉语教学自身的内部规律考虑进去，这些内部规律相对稳定。汉语教学有着自身的系统，在符合美国本土教学的同时，也需要考虑到自身的体系，以便于今后长期稳定的发展。此外，美国小学汉语教师的专业性还没有得到普及，因此更需要好的教材作为参照和辅助。从汉语教学长期稳固发展的角度来看，也需要成熟的美国小学本土汉语教材。

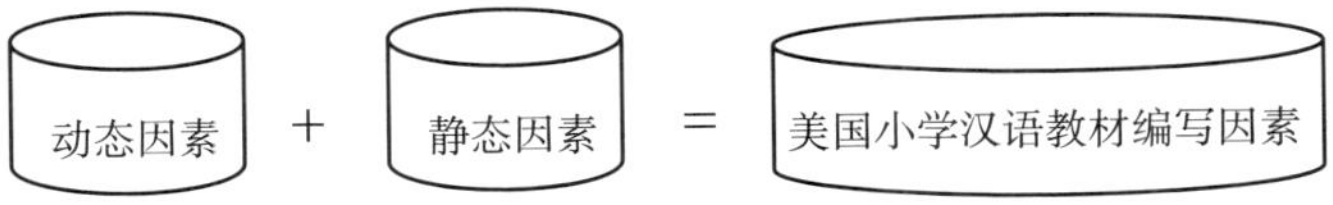

图 7-2　美国小学汉语教材编写中考虑的因素示意图

在第四章"主题化和差异化课程设置"中，我们更多的是考虑了教材编写的动态因素，这里我们再分析一下教材的静态因素，即借鉴其他较为成功的国际汉语教学中少儿汉语教材，提炼出美国小学汉语教材编写的原则。

3. 美国小学汉语教材编写的原则

有学者认为，少儿汉语教学应该遵循的原则是：以听说为重点，分阶段进行读写训练、以情景为主线展开课堂教学、以交际文化为主导，逐步融入文化知识。特别提出了"情景-功能-结构"相结合的原则，即以情景为主线安排语言材料，在情景中进行项目和句型的练习。[①]

也有学者针对 AP 中文教材的编写指出美国汉语教材要符合美国外语教学标准[②]：

（1）使用语言，而并非语言知识：成功交际作为根本的原则；

（2）强调文化的重要性：发展学习者对中华文化的体认是普遍的主旋律；

（3）保障学生的主动性：把学习者放在中心的位置上；

（4）强调在比较中学习；

（5）符合美国汉语教学环境；

（6）具有灵活性和伸缩性；

① 罗庆铭：《谈对华裔儿童的华语教学》，《世界汉语教学》，1997 年第 3 期。

② 陈绂：《我们如何编写美国 AP 中文教材》，《世界汉语教学学会通讯》，2010 年第 2 期。

（7）体现任务型教学理念。

我们结合美国市场上的现有少儿（小学）汉语教材存在的问题，针对美国汉语教材编写的特点以及美国小学汉语教材编写应考虑的两大因素，提出了针对美国小学的汉语教材编写原则：

（1）针对当地的学时、学制进行编写；

（2）注重趣味性；

（3）教材内容和课文与学习者日常生活紧密结合；

（4）话题选择更具针对性；

（5）以主题式的教学方式进行编写。①

从上述内容可以看出来，汉语教材不仅要使学生学习汉语、使用汉语，还应帮助他们理解并体认中华文化及其内涵，积累有效得体的、符合中国人习俗的交际经验，从而顺利地完成各种交际任务。教材应将理解诠释、人际交流、表达演示三个沟通模式与教学内容有机地结合起来。

第二节　美国小学汉语教具的运用

在实地调查中我们发现，美国小学各学科教师在教学过程中都非常重视教具的使用，在讲台上、教室里会放置很多教学辅助材料，这与美国小学教师关注学生的年龄和心理因素有关，这也与美国教育理念有着密切的关系。良好的小学课堂教学应是符合小学生心理发展特点的课堂教学。从小学生的思维发展特点来看，这一群体的思维体现出由具体形象思维逐步发展为以具体形象为

① 在话题的设置方面，可以参照美国本土母语教材《Treasures》，教材是美国 Mcmillan 和 McGraw-Hill 公司共同出版的，教材的话题设置非常丰富，总体设计十分合理、科学。该教材在练习的设计上也十分丰富、有趣。

支柱的抽象思维的过程。[①] 对现代化教学设备的过多依赖会使教学失去创造性和活力。

小学阶段的学生需要亲自接触实物，接触各式各样的教具，这些教具有着即使是最精心设计的教科书也不能提供的丰富性和多样性。美国小学教师在课堂上提供多种教具并引导学生自主选择教具，借助教具自主学习其中蕴含的教学目标知识点和相关技能。学习是一个从体验到反思、概念化、提炼问题、解决问题，最后到把所学到的新东西内化的一个过程，而最深刻的知识和技能往往是学生们自己动手实践学来的，课堂中丰富多样的教具为学生“动手做”的学习实践提供了条件和保证。采用美国著名的蒙特梭利教育理念的小学就非常注重教材教具的使用。

一、美国小学教具的运用

1. 美国小学教具使用情况

小怡老师在实地调查中发现，R 小学的数学教具种类十分丰富，学生在进行数学加减法学习和练习时，可以自由挑选教具作为解决问题的辅助工具，教师在课堂演示教学时也会充分利用教具进行讲解。小怡老师对 R 小学数学加减法部分的教具进行了调查，具体情况见表 7-1。

表 7-1　R 小学数学课加减法教具类型调查统计表

序号	名称	材料描述	序号	名称	材料描述
1	数瓜子	西瓜图和瓜子实物	6	筛子珠	筛子和 1 至 9 的珠串
2	数蜡烛	蛋糕图和蜡烛实物	7	小天秤	天秤和砝码
3	数鸟蛋	小鸟窝和黄豆做的蛋	8	小量杯	量杯和沙子
4	数石头	河流图和石子实物	9	夹绒球	绒球、托盘和夹子
5	数绳结	悬挂架和麻绳实物	10	摘苹果	木板果树和苹果插件

① 董文军、李尚明：《心理学教程》，西安：西北大学出版社，2006 年。

上面介绍的教具被教师放在教室的教具架上供学生随时取用。学生在自由活动时会先得到老师发的习题纸，习题纸上是学生需要解决的数学加减练习题，学生可以自由选择喜欢的教具辅助计算。当学生完成所有题目后，他们可以在习题纸的图画区把自己喜欢的教具画下来，以记录成果并鼓励自己今天的良好表现。

图 7-3 展示了 R 小学老师使用的数学草莓教具，学生可以借助教具在“种草莓—摘草莓—数草莓”的游戏过程中完成老师布置的数学加减法习题。从中我们可以看出，美国小学教材教具的使用与课堂教学紧密结合，在教具设计中突出体现了趣味性。

图 7-3　R 小学美国教师使用的趣味草莓数学教具

2. 美国小学教具的特点

美国小学课堂教学所使用的教具从设计方面和来源方面来看，具有鲜明的特点。

具有多样性。教具的多样性首先可以满足学生的差异化学习需求。以表 7-1 所列举的数学教具为例，喜欢情景游戏的学生可以选择模拟真实情景的“数鸟蛋”“数蜡烛”等教具；喜欢实验测量的学生可以选择“小天秤”“小量杯”等教具。其次教具的多样性可以促进学生形象思维与抽象思维的同步发展，同时也能有效避免练习的重复与枯燥。

具有直观性。教具的直观性符合小学生的年龄特点和思维水平，同时也是教具在教学中发挥的最显著作用。其中，利用实物改造来设计教材教具的思路体现了教师对学生生活经验的关注。实物教具可以直观地启发学生从生活经验中寻找解决问题的答案，因此可以有效地帮助学生将抽象的知识具体化、形象化。

具有趣味性。美国小学教具的趣味性一方面体现在学生使用过程中的娱乐性方面，另一方面体现在教具的设计造型方面。美国小学教具在设计中可以满足学生进行多人游戏比赛的需求，比如学生在使用“筛子珠”教具时，可以两人一组互相用筛子给对方出题，然后在规定时间内看谁完成的题目多。另外，美国小学教具设计精巧，对学生很有吸引力。如“摘苹果”教具既有漂亮精致的外观，又可以让学生在动手摘小苹果时体验学习乐趣。

3. 美国小学教具的标准

海伦娜·柯顿（Helena Curtain）曾提出了一则适用于美国小学的“评估教具的标准”，以帮助美国外语教师设计和选用教具。①我们将这一标准略作删减，详见表 7-2。

表 7-2　美国小学教具评估参考标准

序号	标准	序号	标准
1	是否经受多次反复使用?	8	整体上是否包含多种材质?
2	是否色彩鲜艳?	9	是否简便好用?
3	儿童使用是否安全?	10	是否容易保持清洁?
4	就使用目的而言是否大小合适?	11	是否具有美感?
5	是否符合学生的年龄心智发展阶段?	12	做工是否优良?
6	是否灵活多用?	13	费用是否在预算之内?
7	是否包含性别和种族歧视?		

这一教具评估标准的提出，为美国小学汉语教师在教材教具

① （美）海伦娜·柯顿、卡罗尔·安·达尔伯格：《语言与儿童——美国中小学外语课堂教学指南》，北京：外语教学与研究出版社，2011 年。

的选择和具体的设计制作中提供了较为全面的指导。

二、美国小学汉语教具的运用

1. 美国小学汉语教具的使用建议

在全面了解美国小学教具使用情况后，结合汉语教学的特点，我们对美国小学汉语教师在教具的设计制作方面提出以下三条建议。

（1）教具应直观有趣

汉语教师在设计教具时应充分考虑美国小学生的认知思维发展和心理特点，有针对性地设计既方便小学生操作，又能引发小学生学习汉语兴趣的教具。因此，应当突出教具的直观性，从而使抽象的知识在教具的辅助下得以形象化；同时应加强教具的趣味性，达到寓教于乐的效果。

【案例收集：美国小学汉语教师的教具制作；R 小学，小怡老师提供】

我在进行部首教学时，为了便于学生理解和记忆“三点水”和“水”的区别与联系，设计制作了一个演示教具，利用纸张展开与折叠作用，将两个字形差异较大的部首形象化地联系在了一起，从而帮助学生记住了这两个意义相同但形态不同的部件。

图 7-4　小怡老师设计的汉字教具

（2）教具应操作简便

由于美国小学教育强调学生自主学习能力的培养，同时在课程安排中留给学生充分的自由活动时间以保证学生在“做”中发现知识并将所学知识内化为能力，因此汉语教具的设计应操作简单，从方便学生自主使用以及适合学生间合作使用的角度进行完善。同时，为了方便学生的理解和记忆，汉语教师应当恰当地利用学生母语促进学生的汉语学习。

图 7-5　A 小学小兰老师设计的趣味卡片教具

A 小学的汉语教师小兰采用了用英语发音辅助汉语数字发音的教学方法（见图 7-5），并设计了相应的字卡，即用 snake 的“s”带出汉语“四”的发音，从而使学生在没有教师帮助的情况下自主复习汉字发音。

（3）教具应经久耐用

由于美国小学的教具通常放置在教室中，以方便学生在自由活动课中自主学习使用，所以汉语教具在制作好之后也会长期放置在教室中。这就要求汉语教具在材料选择和制作方面具有不易破损、易清理、大小合适以及安全无害的特点，因此汉语教师应加强对汉语教学教具耐用性和安全性的考虑。

M 小学的汉语教师小欣设计了一套可以拼生肖图形的七巧板，以配合其生肖文化和动物词汇的教学。她最初因忽视教具的坚固性，导致教具在短时间内被严重破损，之后她重新制作并对教具进行了过塑处理，从而解决了这一问题（见图 7–6）。

图 7–6　M 小学小欣老师设计的耐用型教具

（4）教具应分区合理

制作好的教具应按照语音、词语、汉字、文化等内容进行分类和分区，便于灵活取用。可将教具放置在架子上的盒子里保存，要在架子和盒子上贴上标签，标注清楚，便于师生取用。

2. 美国小学汉语教具的制作和收集

（1）教具由教师制作和收集

美国小学对教师的动手能力要求很高，其中一个原因就是教师应有能力自己设计制作教具。教师自己制作的教具能够最有效地按照教师的教学思路传授概念、组织活动，因为这些教具都是有针对性地为某个班的特定学生和特定学习需要而设计制作的，因此汉语教师在备课阶段要花心思来制作和收集教具。

汉语教师在美国小学准备教具时，会面临收集材料的客观困难。例如，在华人商店购买进口的中国物品价格较高，汉语教师从中国带来的现成教具数量有限，在中国制作教具的常用材料在美国不一定能找到。另外，在美国购买文具、纸张以及打印的费用较高。

面对客观的教具取材困难，美国小学汉语教师应当主动拓宽教具的来源渠道，并通过灵活利用现有资源、争取与他人合作以及随时随地收集材料来解决取材问题。就这一问题，我们从以下几个方面提供一些建议。

A. 从中国自带教具

优质的汉语教具最好还是从目的语国环境中直接寻找，因为这样可以保证学生使用到原汁原味的教具。对于美国小学汉语教师来说，获得来自中国的教材教具的最便捷的方法就是跟中国国内的小学教师合作。

中美两国小学外语教师可以通过网络及时取得联系，通过相互提供图片、音乐和实物教具的方式在教具方面进行互助。

B. 灵活利用现有资源

充分关注并灵活运用美国小学中现有的教具，是拓宽汉语教具来源最便捷、最有效的途径。美国小学班级中的教具种类齐全，几乎每个学科都有相应的教具，汉语教师应留意其中与中国语言文化教学相关的教具，稍加改良后便可直接利用。当然，汉语教师还应当树立灵活变通的意识，在无法获取所需材料时开发可替代的新材料。

例如，A 小学汉语教师小马在进行汉字文化教学时原本计划和学生一起制作图章，但是在刻字环节发现自己准备的软塑胶材料不可行，于是她变通思路，在已做好的软塑胶图章体上增加了一层硬性塑料泡沫，经过试验，成功地刻出了文字。

C. 随时随地收集材料

据我们了解，美国小学教师平时十分注重搜集生活中的教具素材，他们不仅是玩具店、纪念品店、杂货店的常客，也是旧物回收与改造的设计专家。美国小学教师认为利用旧物改造制作教具不仅可以保护环境，而且可以激发学生们的想象力。

良好的教具总是会在日常生活中不经意地出现，另外使用生活用品改造的教具不仅富于创意性，而且具有客观的真实性。这种材料的真实性有助于培养学生在现实生活使用中的汉语运用能力。因此，美国小学汉语教师应当树立随时随地收集教具的意识，善于从生活中收集与中国语言文化教学相关的物品，如照片、录像、杂志、传单、包装袋、票据、明信片、菜单等。另外，应当利用资料盒或文件夹将收集的材料分类整理，以便日后查找和使用。例如，T 小学汉语教师小春的美国指导教师 Leo 非常注重随时随地收集教材教具。Leo 老师教会了小春老师如何筛选和处理从日常生活中收集到的材料。在美国导师的指导下，小春教师在自己假期旅行中收集了很多明信片、景点门票和菜单等。假期结束后，她便利用这些实地搜集的素材，为学生们重现了她的假期旅行，并教会学生们使用与旅行相关的实用汉语。

（2）教具由校方提供

美国有着较为完善的教具设计生产供应系统，他们会依照学校的具体要求设计各种教具，美国小学与教具开发商进行友好合作，不仅可以及时订购所需教材教具，而且可以及时向开发商反映教具的使用情况和使用需求。另外，美国小学的媒体中心或图书馆都可以为教师提供教具，学校的材料工具室能为教师提供各种制作教具或布置教室的材料，教师可以利用校方资源自行加工教具。汉语教师了解了这一情况后，在教学启动阶段可与校方商谈，以获得学校的大力支持。

（3）教具由社会捐赠

美国小学教具中有很大一部分是由学生家长、社区团体以及社会爱心人士自愿捐赠的。从本质上讲，美国小学，特别是公立学校，是依靠社区民众的税金建立和运转的，学校以向社区民众及其子女提供优良教育服务来作为回报。因此学校并不盈利而且资金不充裕，需要通过接受社会捐赠来提高办学质量。例如，R 小学的教学设备一半以上是由社会捐赠，各捐赠方的名字都被写在了捐赠物上，这也是美国小学教具来源的一大特色。

教具可以丰富美国小学汉语教师的课堂教学表现力，更重要的是可以帮助美国小学生直观地理解汉语教学内容，从而较大程度地提高汉语课堂教学效率和汉语学习效果，因此值得汉语教师们精心准备。

第八章　美国小学汉语教学课堂教学管理

教师不仅是教学活动的组织者，也是教学活动的管理者。课堂管理是指一套旨在促使学生合作和参与课堂活动的教师行为活动，其范围包括物理环境创设、课堂秩序建立和维持、学生问题行为处理、学生责任感培养以及学生学习指导。美国教育社会心理学家通过实验得出“在教师从事的一切任务中，没有比管理技巧更为重要的了”的相关结论。[①] 课堂管理贯穿于教学行为的始终，涉及课堂活动的方方面面，影响着课堂教学的质量与效率，具有不可忽视的教育学和管理学研究价值，课堂管理技能是教师成功进行教学的关键因素。[②] 由于国外的少儿课堂与国内的课堂存在着很大差异，管理学生的方式也不同，因此海外低龄汉语学习者的课堂管理近年来受到学界的普遍关注。

美国小学的课堂氛围一般比较自由，学生们也不像亚洲的学生那样对老师存有绝对的敬畏感，学生可以在任何时候任意走动、喝水、上厕所，甚至有些学生会旁若无人地高声讲话。如果老师不特意规定课堂纪律，并再三强调，很多学生难以做到一节课（以 45 分钟为例）专心听讲。即使老师在开学第一周强调了课堂纪律，对于美国小学生来说也很难重视起来。因此单单凭借老师严肃、简单的语言上的管束是不起什么作用的。[③]

---

① （美）M. A. 班尼：《教育社会心理学》，昆明：云南教育出版社，1986 年。

② （美）刘骏：《赴美国际汉语教师志愿者调研报告》，《世界汉语教学学会通讯》，2010 年第 3 期。

③ 郑露菲：《汉语教学课堂活动在美国中小学交互式视频会议远程教学中的实践》，郑州大学硕士学位论文，2012 年。

美国小学教师的课堂教学管理是通过对学生进行规则制度约束、不良行为控制、积极课堂氛围营造、科学心理情绪疏导的课堂教学管理来共同实现的。本章节通过分析借鉴美国小学教师的教学管理经验，进而从学生制度管理、学生行为管理和学生情绪管理三方面，对美国小学汉语教学中的课堂教学管理进行探讨和构建。

第一节　美国小学汉语课堂中的学生制度管理

一、美国小学课堂中的制度管理

制度是组织机构内成员共同遵守的行为规范。制度管理即制定一定的规章制度以保障组织内各项活动的顺利进行。美国小学教师通过细化的学生制度有效地管理课堂秩序，从而为课堂教学的顺利进行提供保障。

美国小学教师的学生制度管理覆盖了学生在校学习生活的各个方面。从学生管理制度的设计形式上来看，我们将美国小学教师制定的学生制度管理分为“指南型”制度管理和“契约型”制度管理两大类。

1. “指南型”学生制度管理

“指南型”学生制度管理是指教师以构建行为规则指南的形式，将如何达到行为标准或实现目标计划的具体步骤，用文字详细而明确地确定下来并向学生公布，从而保证学生在校内处理事务和完成目标时都有相应的制度化行为指南的指导。

美国小学生在校上课期间，可以向学校借用笔记本电脑。小怡老师在H小学进行调查时，注意到了教室墙壁上张贴的笔记本电脑的使用指南，并将这一使用指南内容整理成了表格，见表8-1。

表 8-1　H 小学笔记本电脑借用及使用规则说明表

	笔记本电脑不同使用阶段		
	借出笔记本电脑时	使用笔记本电脑时	归还笔记本电脑时
具体规则	·在借用表格上登记。 ·一个人一次借用一台。 ·用双手拿取和搬运电脑。	·用双手拿取和搬运电脑。 ·电脑放回编号对应的位置。 ·使用前插上电脑电源线。	·将电脑平方于桌面上。 ·离开座位时应合上电脑。 ·只碰属于自己的电脑。 ·不要触摸电脑屏幕。 ·食物饮品应远离电脑。

从上述使用指南中我们可以看出，美国小学教师在制定学生管理规则时，特别强调制度的具体化和细节化。教师在制定规则前，会预先考虑各种可能发生的情况，然后依次做出相应的规定，并最终用文字方式将行为要求确定下来，从而保证学生在执行制度的过程中有具体标准和操作方法可依。

2. “契约型”学生制度管理

除了“指南型”制度管理之外，还有“契约型”制度管理。契约型制度是指美国小学教师为预防学生在课堂中违反纪律而设计的一种行为合同（behavior contract）管理制度。行为合同是一份具体的书面协定，规定了其中一方或多方在特定的课堂情境中需要做出的确切行为方式以及具体的奖励和惩罚。学生将参与条款的制定，并清楚地理解契约中的每项条款。通过“契约”方式监督学生，可以有效地引导学生的正确行为，从而预防学生课堂问题行为的产生。①以下是小怡老师收集到的一份美国小学行为合同教学管理的案例，它可以较为具体地呈现契约型行为合同教学管理的操作方法。

【案例收集：美国契约管理制度；H 小学，小雨老师提供】

我的班导师 Erika 设计了一套契约型的班级管理制度，这套制

① （美）纳卡穆拉著，王建平等译：《健康课堂管理：激发交流和纪律》，北京：中国轻工业出版社，2002 年。

度在执行中采用积分制，全套制度由“纪律契约”“警告处罚”“积分记录”“奖励兑换”四部分组成。具体操作程序是：

一、纪律契约

1. 上课时坐在自己的座位上；

2. 准备好上课所需要的材料；

3. 听从老师的指令；

4. 一次只允许一个人说话；

5. 尊重他人的学习权利；

6. 管理好自己的言行举止。

学生如遵守班级纪律契约规定，每天可以换取一个积分。

二、警告处分

教师第一次发现学生违反纪律时出示蓝牌警告，并扣除 0.5 分；第二次发现违反规则出示黄牌警告，并扣除 1 分；

三、积分记录

教师每天会记录学生当日的积分情况，学生可以随时查阅自己的积分。

四、奖励兑换

学生可以用自己的积分兑换奖励。例如，10 分可免写一次作业；5 分可自由选择座位；3 分可兑换铅笔（见图 8-1）。

图 8-1　美国小学教师的班级契约型管理制度

【实地观察：卡片管理法；O 小学，小刘老师实录】

在我任教的小学，每个年级教室的黑板左下角都会挂着一些卡片袋，每个卡片袋对应一个学生的姓名和学号。每个学生的卡片袋里有五张不同颜色的卡片，用以记录该学生当日的课堂表现。比如，白色的卡片代表该学生当日表现良好；如果白色的卡换成了绿色的卡片，表示该学生当日受到过老师的口头警告；绿色的卡片如果换成了蓝色的卡片，表示该学生当日在受到老师口头警告后依然表现不好，被给予了不准参加课外活动的惩罚；如果绿色的卡片换成了黄色的卡片，则表示该学生的表现差，将被送往校长办公室。而最后一张卡片是红色的卡片，如果学生的卡片换到了最后一张红卡片，校长将直接与该生的家长联系，由家长将该生领回家进行教育。

根据上述案例描述，我们可以看出，美国小学契约型学生制度管理有五个特点：A. 合理性：契约规则必须考虑到学生的年龄和行为能力，并要被学生理解。例如，案例中教师采用了学生喜欢的积分换奖励策略；B. 清晰性：规则要清楚明了，准确地表达期望学生达到的标准，不能模棱两可。例如，案例中将纪律以文字形式清晰地表达出来；C. 可实施性：规则必须是可以操作实施的。例如，案例中教师可以每天给予积分并阶段性地给学生兑换奖励。D. 一致性：每项规定必须有一个或几个执行的条件。例如，案例中教师的管理规则赏罚分明，分步骤实施制度。E. 灵活性：规则必须能根据不同的情况灵活地加以调整。例如，当出现一些超出规则的特殊情况的时候，教师就会进行相应的调整。

这些特点是美国小学教师在制定规则时首要考虑的问题，除此之外，教师在制定规则时较注重听取学生的建议，同时在制度的文字表述方面力求简洁，避免产生歧义。另外，教师会将制度张贴在所有学生都能看得到的地方。

需要强调的是，无论是“指南型”管理制度，还是“契约型”管理制度，美国小学教师制定规则的最终目的并不是约束学生的行为，而是让学生能够对自己的行为有正确的认识，并对自己的行为负责，从而达到培养自我约束能力和自我管理能力的目的。

【实地观察：行为合同管理法；M 小学，小欣老师实录】

Behavior Contract（行为合同）在美国小学课堂管理中很常用，它是让学生自己想出他需要实现的目标，通过和老师家长沟通制定行为合同，并约定时间来督促目标的实现。例如，我们班里有两个学生，一个学生的问题是没有礼貌且有暴力倾向，所以他的目标是：a. 尊重老师学生；b. 遇到不顺心的事情要冷静下来；c. 管好自己。另一个学生的问题是无法专心学习，上课时总发出奇怪的声音干扰课堂，所以他的目标是：a. 完成课堂作业；b. 坐在座位上。美国教师会和学生一起把这些目标制作成合同的样子，约定好实现的时间。然后教师会制定 Behavior Chart（行为监督表），如果孩子做得好，要及时记录给予笑脸奖励。另外美国教师会制定 Multiple Behavior Chart（多种行为表），该表是适合学校和家庭使用的任务表，需要学生每天带回家由家长签字，第二天再由孩子带回来。表格会将一天的在校时间分为早上、午餐前、午餐后三个时段，监督学生行为目标的实现情况。

二、美国小学汉语课堂中的学生制度管理

美国的课堂管理没有固定的模式，每所学校都会根据具体情况制定符合本校学生特点的课堂行为规范标准。因此，汉语教师应该根据本校本班学生的特点，设计制度管理的内容。

中美两国教师在学生制度管理方面存在着显著差异。中国小学的纪律规章制度从形式上来说，大到校级规章，小到班级纪律，规范繁多，但是没有美国小学制定得细致和实用；从内容上来说，

也比较空泛，有时难以让学生直观地理解，而且在某种程度上缺乏人本主义关怀。因此，汉语教师在美国小学环境下，需要学习和了解如何制定汉语课堂的制度管理规则。

小怡老师美国工作期间，对一些新手汉语教师就教学管理的重要性问题进行了访谈，汉语教师对相关问题的认识大致可以分为以下几个方面：

A. 在以往的汉语教学工作经历中，我的学生都是成人，所以我几乎没有进行过课堂管理。

B. 我觉得课堂管理很重要，但我想象不出中美两国在课堂管理方面的差异。

C. 我觉得我自己无法一边进行教学，一边进行管理，为此我很担心。

据调查，相当多的汉语教师在美国小学汉语教学工作中的确存在着教学管理经验不足的情况。在制度管理方面，汉语教师应一边学习美国教师的管理经验，一边在汉语教学管理工作中进行借鉴和改进，从而逐步提高自身的教学管理能力。

小怡老师曾对自己在 R 小学汉语教学的学生制度管理进行了跟踪调查和反思，我们可以从中看到汉语教师在学生制度管理方面的发展情况。

【案例收集：汉语角的制度管理；R 小学，小怡老师实录】

为了给学生营造有利于汉语学习的隐性教学环境，我在班级中搭建了汉语角，里面放置了各种各样的可供学生体验的汉语教材教具。但是当汉语角向学生们开放使用时，我发现了一个严重的问题。因为汉语角空间有限，每次可容纳人数不过三四人，可是学生们因为太过兴奋蜂拥而入，这不仅使部分教材教具遭到了损坏，而且引起了学生间的相互争执。

上述案例中，最初小怡老师因课堂教学管理经验不足，加之学生自觉维持秩序的意识欠佳，因此发生了秩序失控的情况。该汉语角不仅是汉语教学的辅助资源，而且属于教室内公共空间的一部分。美国小学在任何教学公共设施的使用方面都有详细的使用规则，小怡老师忽略了这一方面，所以没有在汉语角活动开展前制定相应的使用规则，所以导致了学生在使用中的混乱状态。

【案例回访：汉语角的制度管理；R 小学，小怡老师一周后反思实录】

一周后，小怡老师对首次活动失败后进行了反思，随后制定了相应的汉语角使用规则。其制度具体内容如下：

1. 汉语角人数应少于 3 人/次；
2. 停留时间应少于 10 分钟/次；
3. 使用完的物品应当放回原处；
4. 使用完墨汁毛笔后应清洗干净。

图 8-2 小怡老师设计的汉语角

对于汉语角的管理，小怡教师在首次活动失败后进行了认真的反思，发现导致学生秩序混乱的问题在于缺乏制度管理。于是在重新整修汉语角之后，又预测了学生实际使用中会出现的各种状况，制定了相应的使用指南。自从有了明确的制度约束，学生们在使用中也变得井然有序了。

由此可见，学生制度管理在美国小学汉语教学管理中起着重要作用，良好的学生制度是教学活动组织得以顺利开展的有力保障，因此，汉语教师应主动树立制度规则意识。同时在具体操作中，制度的制定应尽量全面和细致，制度的语言描述应简单明了，从而确保学生准确地理解和落实制度要求。

第二节 美国小学汉语课堂中的学生行为管理

一、美国小学课堂中的学生行为管理

除了纪律规章制度管理外，美国小学教师在学生教学管理中需要具有较强的学生行为管理能力。如果说纪律规章制度的建立可以为学生秩序管理建立制度保障，那么行为管理则是及时制止学生不良行为的人为调控保证。与规章制度的预见性、固定性相反，课堂行为管理具有突发性、临时性的特点。

美国的课堂教育推崇个性化，教师鼓励学生进行自我表达。但是由于小学生毕竟年龄小，行为自制力较差，所以需要教师随时采取有效的行为管理策略，制止学生扰乱课堂秩序的行为，并帮助学生重新集中注意力，从而保证课堂教学的正常有序开展。我们认为，从形式上来看，美国小学教师的学生行为管理可分为“显性行为管理”和“隐性行为管理”。

1. 显性行为管理

显性行为管理是指教师通过与学生事先约定，制定某种有特殊含义的指令，学生在听到教师的指令时，需要通过控制自己的行为来予以配合。这种行为管理策略在具体实施中需要教师清晰明了地发出指令，这个指令应能够对学生产生震慑力，然后在指令发出到指令结束的3~5分钟之内，教师能够将学生的注意力集中起来，并有效控制学生行为，以此达到调整课堂秩序的作用。

美国小学生的课堂管理有一定的难度，老师要作为课堂的权威，在最开始时把事情和规则说清楚，比如要上洗手间了，一节课可以有几张牌，谁一定要去就发给他，不能太久回来，也不能全都去，回来后把牌交给老师。①

小怡老师在 R 小学教学过程中，通过对美国小学教师的长期课堂观摩，总结出了四种美国小学教师常用的学生行为管理方法，详见表 8-2。

表 8-2　R 小学教师常用行为管理方法调查统计表

序号	名称	具体管理办法
1	冰冻的铃声	当学生在课堂活动中秩序混乱时，教师摇铃并发出“结冰了”的指令，学生立即停止一切动作，直到教师说“解冻”。
2	5 分钟静默	当学生在课堂练习中不专注时，教师发出静默指令，并倒计时 5 分钟，在此期间学生不可以说话，只能专心学习。
3	孤独的板凳	当个别学生扰乱上课纪律妨碍其他学生学习时，教师令其坐在一个板凳上，与其他学生拉开距离，直到其安静下来。
4	眼睛跟手走	当课堂气氛嘈杂教师需要学生集中注意力时，教师令学生用眼睛盯着教师的手指，迅速锁定所指的教室四周的物体。

上述四种行为管理方法均体现出及时性、短时性和互动性的特点，教师的指令作用于全体学生，并用类似于课堂游戏的形式引导学生配合其指令，做出相应的行为控制反应，最终达到在短时间内制止学生扰乱课堂秩序行为的管理目的，帮助学生稳定情绪并集中注意力。

2. 隐性行为管理

隐性行为管理是指教师通过间接暗示、警告或带来损失等方式，引起学生对自身行为的注意和更正。

美国 OIIP 实习项目每年都专门为汉语实习教师进行隐性行为

---

① 蔡芳沛：《现状与发展趋势——美国汉语教学讲习班特刊》，《世界汉语教学学会通讯》，2013 年第 4 期。

管理的技能培训。在培训课上，美国 OIIP 项目教师先让汉语实习教师观看美国小学教师隐性行为管理的相关视频。通过对视频的观察分析，汉语实习教师发现，美国小学教师在发现有行为问题的学生时，首先，会给学生以“眼神示意”。教师不带微笑地看着学生的眼睛，用这种方式向学生暗示：“我看到了你在做什么。请你不要再这样做了。”这种眼神暗示的方法对于大部分学生来说，已足以让他们重新回到教师期望的表现。其次，教师常常在眼神示意的同时一边讲课一边悄悄走近犯错的学生，以不引起其他学生的注意。当教师离得足够近时，犯错学生就会意识到教师的用意并自觉终止违规行为。

在美国 OIIP 实习培训课上，培训教师指出点名也是美国小学教师在隐性行为管理中常用的方法，它能起到良好的警示作用。汉语实习教师通过视频教学材料发现，美国小学教师通常用关怀的方式点名并提醒犯错学生。例如，“克洛伊你可以看到吗？”“山姆你喜欢这幅画吗？”同时，教师也会用犯错学生的名字代替课文中的人物名字来引起学生注意；另外，教师也会通过请犯错学生的邻座回答问题的形式来警示学生。

据调查，除了这些常见的点名法外，部分美国小学教师也设计了一些创新点名方法。下面以一则小怡老师在实地调查中搜集的“冰棍棒点名法”为例加以分析。

【实地观察：冰棍棒点名法；M 小学，小林老师实录】

M 小学的 June 老师设计了“冰棍棒点名法”。她把每个学生的名字分别写在每个冰棍棒上，当发现课堂秩序混乱时，June 老师便摇响装着冰棍棒的塑料杯，学生于是都安静下来关注老师点名。June 老师点名时每次从中抽取一根，点过之后又放回去，这样每次点名时学生都会集中注意力，被点过的学生由于担心再次被点到，所以也不会走神（见图 8-3）。

图 8-3　美国小学教师的冰棍棒点名提问法

上述案例中的美国小学教师通过形式上的创新和改良，不仅达到了警示违规学生的作用，同时有效地集中了全班注意力。与传统的点名方法相比，冰棍棒的运用使教师行为管理更具有趣味性，因此很适合对小学生的管理。

【案例收集：减少娱乐时间法；小刘老师实录】

我去参观的当天，学校要针对一年级学生举办一个“spring party”，因此学生上午上课时都非常兴奋，扰乱课堂秩序的情况时有发生。针对这一情况，美国小学教师对扰乱课堂秩序的学生进行了处罚，他将学生下午的 party 时间减少了十分钟，这种做法有效地控制了课堂纪律。

在上述案例中，美国教师采用了付出代价法，使得学生切实感受到了扰乱课堂秩序会付出代价，带来损失，这也是隐性行为管理的一种好方法。

当然，也存在“屡教不改”的违规学生，美国小学教师面对这些学生时，通常会对学生的违纪情况进行书面记录，然后通过与家长或与校长沟通的方式，有针对性地商议，帮助学生纠正不良行为的办法。

二、美国小学汉语课堂中的学生行为管理

目前很多美国小学汉语教师是教学实践经验不足的新手教师，面对真实的课堂教学管理任务和美国小学陌生的海外教学环境，汉语教师在教学管理，尤其是学生行为管理方面仍处于从新学习的阶段。

下面我们结合实地调查，为美国小学汉语教师的学生行为管理提出一些建议。

1. 做好学生行为管理的前期准备工作

首先，汉语教师进入美国小学后，应在第一时间了解学校有哪些教师在课堂管理方面成绩较为突出，然后去拜访他们并向他们预约课堂观摩的时间。其次，在语言教学开始前，汉语教师应观察自己所在班级其他老师的上课情况和学生，以了解其他教师的教学管理方式和学生的行为习惯。再次，如果学校开设有外语教学课程，则应多与其他外语教师交流经验。最后，应多阅读关于美国课堂教学管理的书籍。

小怡老师曾采访过一位在学生行为管理方面表现突出的汉语实习教师小范。小范老师在访谈中分享了她的管理经验。

【访谈实录：学生行为管理经验；V 小学，访谈对象：小范老师】

小怡老师：你在管理学生方面经验丰富，能分享一下心得吗？

小范老师：其实我也是在这半年才开始学习的，准确地说是现学现卖吧。

小怡老师：你是怎么学习的呢？

小范老师：关键是你要做一个有心人。平时要多观察美国管

理经验丰富的老师，模仿他们的管理技巧，甚至在刚开始时我怕忘记，都会把美国老师上课和管理的具体步骤记下来。另外，我也十分注意观察学生的反应，因此在实施时更有针对性。

小怡老师：你觉得实施起来困难吗？

小范老师：这的确需要勇气，我开始尝试时也会担心学生不听我的指令，但是我不断鼓励自己："我也是老师"，所以就有勇气了。

由上述访谈内容可知，教师的学生行为管理能力是可以在实践中培养的。在学习行为管理经验时一定要细心观察，然后不断练习，同时应观察学生的反应，在实践经验总结中提高管理能力。

2. 采取符合学生年龄特点的行为方式

学生年龄越小，其注意力越容易分散，因此汉语教师在美国小学课堂中的大部分行为管理是引导学生重新集中注意力。让学生集中注意力的方式有很多，比如做手势、有节奏的拍手、用唱歌的方式发出指令等。重要的是采用这种方式要前后一致，目标明确，不要一次引入过多的方式。数数的方式是一种有效的行为管理方式，下面以一则案例来具体说明汉语教师在发现课堂秩序紊乱时的应对策略。

【案例观察：数数行为控制法；A 小学，小叶老师提供】

当我发现学生在课堂上不注意听讲或者听到指令后拖拖拉拉不想配合时，我会伸出一只手，然后用他们学过的汉语数字从一数到五或者从五数到一。在我数到最后一个数字前，学生必须安静下来集中注意力并完成我的指令。

在上述案例中，汉语教师使用了倒计时的方法，要求学生在短时间内重新集中注意力并听从教师的安排。在具体操作中，汉语教师使用了汉语数字口令，这样在教学管理的同时融入了汉语练习。

由于身心发展并不成熟，因此少儿对于直接的警戒有时会产生逆反心理，如果运用榜样和典范的力量，他们会十分乐意接受。这一方法正是顺应了儿童特殊的成长心理而开发出来的。

【案例收集：课堂管理拒绝用“NO”；R 小学，小蕾老师提供】

刚到美国小学教学的那个阶段，我发现课堂管理对我来说真的太难了。我想让我的学生安静时，想出了这么多年在中国学习的英语：No talking，No speaking，Please be quite，结果效果并不好。这个时候，美国老师都看不下去了，就来帮助我维持秩序。这位老师说：If you want to find a good model，you can see A.（如果你想找个好的榜样，你可以看看 A 是怎么做的。）老师会说：“我希望你……”，或者给出选择让学生来选择这类比较温和的方式。

由于具象的事物更能吸引儿童的注意力，因此汉语教师可以给每条规则都配上动作或图片，教师可以一边说目的语指令，一边做相应的动作，学生可以边听边看地做出反应，这种方式更为直观、便利。

当然，由于心理生理发展处于不同的阶段，针对在美国小学不同年级的学生，行为管理手段也应有所不同。一、二年级的学生较为顺从老师，把老师看成权威的象征，因此一、二年级的教师应注重树立学生的角色意识并明确指出规则；三至五年级的学生会通过良好的表现来得到老师的肯定，针对三至五年级的学生，教师应让学生了解哪些是良好的表现，哪些是扰乱课堂秩序的行为。①

3. 采用学生乐于参与的行为管理方式

美国小学教师在进行学生行为管理时，应从学生年龄和兴趣

① 金蕾：《美国中小学汉语教师培训有效方式探究——以美国 ACC 项目汉语教师培训为例》，中央民族大学硕士学位论文，2012 年。

方面考虑，采用学生喜爱参与的行为管理方式，以提高学生参与的配合度，从而加强行为管理效果。

【案例收集：小绒球行为管理法；A 小学，小兰老师提供】

为了有效地管理学生的课堂行为，我设计了一套有趣的行为管理办法。我亲手制作了很多大小不一的彩色绒球。由于小球很可爱，因此学生们都想拥有，于是我规定学生可以通过自己课堂的良好表现来获得绒球。我每天早上给学生发一个大绒球，当发现学生有不良行为时，我便将该学生的大绒球换成小绒球。对于屡教不改的学生，我将继续没收绒球。一个月下来，很多学生的绒球数量都超过了二十个。(见图 8-4)

图 8-4　A 小学小兰老师设计的行为管理方法

从小绒球案例的效果来看，学生们的参与度很高，很多学生为了赢得奖励而加强了自我管理与监督，所以管理效果非常好。

【案例收集："木头人儿"行为管理法；R 小学，小蕾老师提供】

我的美国同事的课堂管理能力特别出色，很善于用唱歌、口令等方法进行管理。他会说："One two three, eyes on me."，学生回答："One two three, eyes on you."。我结合汉语课的内容创造了我自己的课堂管理口令："123，木头人儿!"。我说"123"，学生回答"木头人儿"，说完以后就立刻坐好，眼睛看着我。我把这个口令当作游戏在教学中时不时地使用，效果较以前有了很大的改善。①

在木头人儿的案例中，学生也有身体上的参与。上述两位汉语教师关注了学生的兴趣和心理，从而极大地调动了学生的参与热情，保证了课堂管理目标的实现。

4. 熟悉课堂管理中的英文表达方式

美国小学对教师的课堂管理能力要求很高，对于一个母语不是英语的汉语老师来说，课堂管理的语言是个很大的问题。因此由汉语教师英语语言水平的问题而带来的学生行为管理方面的问题也应当予以重视。

【案例收集：熟练使用英语进行课堂管理；R 小学，小蕾老师提供】

刚开始在美国小学教学时，在课堂上我想让学生跟我念，便发出指令"Read after me."，可是学生们好像没有明白我的意思。通过几次尴尬的尝试，学生们才跟着读。还有一次，我拿起卡片，准备让学生们跟着读出单词，我说"How to say it?"结果学生的反应零零散散，课堂气氛很尴尬。后来我才知道，如果想让学生跟我读，应该说"Echo me."。如果想让学生看着卡片说出答案，可以先用卡片展示出词语，同时把手指放在嘴巴旁，做不出声状说："Think about it."（想一想），然后说："One，two，three，go!"我在课堂上使用了这些方法，果然收效甚好且屡试不爽。

① 本书中小蕾老师的案例参见季蕾：《蒙台梭利模式下美国少儿汉语教学设计——以尤金市 R 学校汉语教学为例》，中央民族大学硕士学位论文，2015 年。

【案例收集：运用地道的英语发出指令；B小学，小燕老师提供[①]】

有一次我给学生发练习活动单张，边发边说："Finish these sheets, please."（请完成这些活动页）英语中的"sheet"和"shit"（脏话）发音相似，由于我的英语发音不够准确，几个平时爱捣乱的学生就开始说笑。尽管学生们明明知道老师的意思，但他们会以此为机会来破坏课堂纪律。

教师要想正确引导学生的课堂行为，运用地道的指令语言非常重要。让学生静下来不要讲话时，不能说"Shut up!"（闭嘴），而应该说"Be quite! Keep your mouth closed! Zip it, lock it and put is in your pocket! Be silent!"。让学生坐在地毯上，可以说"Cross-Cross applesauce."（盘腿坐，手放在大腿上）、"Lips and hips!"（一只手放在嘴上，一只手放在腰后）等。

从上述案例可以看出，汉语教师如果能熟练地运用地道的英语课堂指令，将会对学生的课堂行为管理起到十分积极的作用。

第三节 美国小学汉语课堂中的学生情绪管理

一、美国小学课堂中的学生情绪管理

学生的学习效果会受到包括智力因素和情感、意志、行为、个性等非智力因素的影响，其中非智力因素与学生的情绪密切相关。[②] 学生的积极情绪能充分调动学习的主动性，从而得到良好的

① 刘燕：《美国佐治亚州梅肯市B小学汉语教学研究》，中央民族大学硕士学位论文，2015年。

② 杨静林、曾祥敏：《美国小学教师批评用语分析及启示—以密歇根州霍恩小学校方指导文件为例》，《外国中小学教育》，2012年第12期。

学习效果；相反，学生的消极情绪不仅会阻碍自己的学习，而且会影响到其他学习者的情绪，对于小学生来说更是如此。另外，小学生由于年龄因素很容易受到挫折，倾向于用发泄愤怒、反抗或消极自闭的方式面对问题。因此，美国小学教师在教学管理中应随时面对帮助学生处理情绪问题的情况。

我们发现，美国小学教师主要通过“和谐宽松的氛围营造”和“全面科学的情绪疏导”相结合的情绪管理方式，为学生提供积极向上、安全可靠的学习生活环境，帮助学生用科学健康的方式应对压力。

1. 和谐宽松的氛围营造

美国小学教师通过课堂管理来创建良好的课堂环境，为学生提供团结、和谐、积极、向上的学习氛围，让学生在课堂中体会相互尊重、信任、支持的满足感和集体关怀，同时学会与人相处，与人合作，从而得到全面健康的发展。美国学者高尔顿认为，良好的师生关系应该具有以下性质：开放性，即师生间要坦诚地对待对方；关爱性，即师生间要重视对方的感受；依存性，即师生间要相互依赖和相互支持；独立性，即师生间有充分发展自己独立个性和创造性的发展空间；互惠性，即师生间的各自需求都应该得到满足。①

据调查发现，美国小学教师从促进班级凝聚力、避免不良竞争比较、给予学生安全感三个方面，为学生营造了和谐宽松的学习成长氛围。

首先，班级凝聚力是促进教师与学生建立友好型、互助型、健康型同伴关系的保证。因此，美国小学教师在培养学生个体独立意识的同时，会引导学生树立尊重他人、关爱集体的意识，从而在学生间建立相互合作、彼此激励、积极进取的生生关系。下

① 杨慧敏：《美国的基础教育》，广州：广东教育出版社，2004 年。

面结合美国小学生的集体作品加以分析。

【案例收集：美国班级树文化理念；A 学校，小君老师提供】

我来到所在班级的第一周就和班里的老师同学们共同制作了这棵班级树。班级的每个成员都为这棵树制作了一片代表自己的树叶。有的学生用自己的照片，有的学生手绘自己的肖像，有的学生用自己的宠物代表自己，总之各具特色，充满了友爱和想象力。最重要的是，班级的师生关系在共同完成这个作品的过程中更亲密了。(见图 8-5)

图 8-5　美国小学教师的树型班级文化理念

在上述案例中，美国小学教师以树和树叶间的关系形象地比喻了班集体和班级成员间的关系，即班级是师生共同生活成长的地方，因此班级就像大树之家。班集体中的每位师生就是树叶，和谐的师生关系应当像树叶一样相互支持、相互簇拥，即象征着班集体的成员间应当互助友爱，每片叶子都能从这棵大树中汲取养分；叶子之间又交织在一起保护着大树，即象征着班级为师生提供学习成长的条件，同时班集体的利益需要班级成员的共同维护。

其次，美国小学教师在营造和谐宽松的氛围时，会尽力避免学生间形成竞争。M 小学校长在接受小怡老师访谈时指出："应该让学生和自己过去的成绩比较，从而发现自己是否进步了。"有调查显示，一个充满攀比、充满敌意和疏远氛围的课堂环境会加剧学生的焦虑和苦恼；而一个教师和同学相互支持、相互认可、相互关爱的课堂环境，则便于学生建立自尊和自信，增进学生学习的动力，并且能够最大限度地发挥学生的学习潜能，有效避免课堂不良行为的发生。

最后，美国小学教师认为给予学生安全感是实现师生平等友好关系的基础。这里的"安全感"指学生解除心理防备后对教师的信任感。例如在上课时，中国教师通常一对多地面对学生站着上课，这种师生"对峙"的位置关系容易对学生产生威严感和压迫感，从而拉大师生间的情感距离，不利于轻松愉悦课堂氛围的形成。相反，美国教师和学生经常会围坐在一个圈里（见图 8-6），这样教师与学生在空间位置上比较平衡，这会给予学生积极放松的心理暗示，从而鼓励学生各抒己见，主动而大胆地与教师进行深层的情感交流。

图 8-6　美国小学教师的环形师生座位关系

2. 全面科学的情绪疏导

美国小学教师强调对学生心理健康状态的引导与监督，因为学生情绪管理的决定性因素在于学生情绪的自我调控能力和自身情感需求的满足。据我们的调查，美国小学教师通过加强情绪管理教学和关注学生心理需求两个方面，对学生进行全面科学的情绪疏导。

首先，美国小学教师通过在道德品质课中增加情绪管理教学内容，或者专门开设情绪管理课，来培养学生的情绪管理能力。麦克卡斯林（McCaslin. M）认为，“课堂管理远远不是诱导学生服从，它能够或应当成为促进学生自我管理和自我评价，并应内化为自我控制”。① 因此，情绪管理课的教学目标是教学生学会尊重、谅解他人，学会三思而后行，充分考虑别人的情绪，全面了解事情的由来，共同协商问题解决办法，最终增强学生的自控力和自信心。

【案例观察：美国教师的学生情绪管理；T 小学，小春老师提供】

最近我们班的学生十分浮躁，上课捣乱的人越来越多了。班导师 Chole 及时增加了情绪管理教学内容，从而有效地扭转了混乱局面。Chole 老师每天早上都会在晨会上给学生讲一个有关正义、成功或友善的真实故事，然后在每天放学前要求每位学生在红纸条上写下一句话，描述自己在这一天中帮助了谁或者做了什么好事，最后 Chole 老师会将学生的字条环环相扣地连接起来，学生每天看到链子越来越长了都很开心。(见图 8-7)

---

① 见黄全愈：《培养智慧的孩子：天赋教育在美国》，长沙：湖南少年儿童出版社，2006 年。

图 8-7 美国小学教师利用纸环进行学生情绪管理

在上述案例中，美国小学教师用引导学生自我反思的方法教导学生如何管理自己的情绪。这个案例带给我们的启示在于，任何外在形式的管理方法都不如提高学生的自身约束力来得更有效果，因此教师应该运用科学的方法，培养学生自我管理与自我监督的意识。

其次，美国小学教师十分关注学生的心理健康。心理学家萨蒂奇（Sutcih）认为，以学生作为生命主体，就应当关注其创造力、情感、需求、价值观、自主性、责任心等心理健康问题。[①] 美国小学教师认为教学管理首先要将学生视为生命主体，从生活学习的各个方面关注学生的健康成长。

因此，美国小学教师乐于做每个学生内心世界的倾听者，耐心地与学生进行情感与心灵沟通，努力成为学生值得信赖的朋友。比如，美国小学教师会了解每个学生的生活成长背景，并阶段性地为学生做在校行为记录，同时及时与家长沟通以了解学生的校外行为状态，从而有针对性地满足学生的心理需求，为学生及时提供其所需要的学习和成长帮助。

① 车文博：《西方心理学史》，杭州：浙江教育出版社，1998 年。

二、美国小学汉语课堂中的学生情绪管理

情感因素包括焦虑、动机、移情、自信、抑制等，这些情感因素会影响语言学习的情感过滤。情感过滤越强，输入大脑的信息越少。斯戈曼（Schumann）提出的第二语言学习的情感理论启示我们，在美国小学汉语教学管理中，应关注对小学生的情绪管理。该情感理论中提到“儿童早期社会及情感的渗透对儿童的影响大于青少年及成人。少儿掌握另一种语言的能力来自他们对任何新经验的开放性和愿意接受性，即来自他们的全面灵活性而不仅仅是神经系统的灵活性。”①因此，美国小学汉语教师应从“营造快乐的学习氛围”和“加强师生间的情感交流”两方面完善对学生的情绪管理。

1. 应营造快乐的学习氛围

据调查，大部分美国 OIIP 项目实习合作小学为提高汉语实习教师营造良好课堂氛围的能力进行了专门指导。

【案例收集：针对汉语教师有关学生情绪管理能力的培训；小怡老师提供】

W 小学安排情绪管理经验丰富的美国教师对校内两位汉语教师进行了两课时的教学辅导；O 小学用邀请汉语实习教师参与校内教师经验交流会的方式为汉语教师提供学习机会；R 小学组织校内三位汉语实习教师观摩优秀教师的情绪管理课程。通过校方的指导和帮助，汉语教师从美国小学真实课堂教学中学到了许多情绪管理经验。

通过对美国优秀教师的课程观摩，针对美国小学汉语教师情

① 见 H. H. Stern（2000），*Fundamental Concepts of Language Teaching*. Shanghai: Shanghai Foreign Language Teaching Press.

绪管理能力，我们提出以下建议。

首先，美国小学汉语教师需要有幽默感，因为这非常有助于营造积极的教学氛围。幽默感可以帮助教师在课堂中化解许多紧张时刻，充满笑声的汉语课堂往往最受学生欢迎。需要强调的是，汉语教师不能以牺牲学生的自尊为代价来博取笑声，并且要及时制止学生间的嘲笑。

其次，美国小学汉语教师应多采用行为激励策略，即从情感、态度、价值观等方面激励和促进学生的正当行为。教师的角色应当是一直赞扬支持和鼓励学生，激励学生形成积极学习的内在动机。我们发现，当教师因为学生的出色表现而显出满意和激动时，班里的大部分学生会和被表扬的学生个人一起感受到鼓励和喜悦。

最后，美国小学汉语教师应加强自我情绪管理。比如，教师在课堂中绝对不能发火，就算内心已经很是生气，也要保持冷静，并积极思考如何帮助学生解决问题。

2. 应加强师生间的情感交流

汉语教师和学生之间的关系，将在很大程度上影响学生学习汉语的情绪。我们通过观察发现，与汉语教师关系亲密的学生在上课时能够全神贯注地听讲，并积极配合汉语教师的教学，同时在课后也能主动关注汉语学习。而与汉语教师关系疏远的学生，上课时则反应消极，学习效果也因此受到了影响。这个现象启示我们，美国小学汉语教师应当加强与学生间的情感交流，积极主动地满足学生的情感需求。

【案例收集：与学生建立良好的关系；M 小学，小欣老师提供】①

我选取了一年级学生每个月的重要节日照片或者郊游照片，打印

---

① 案例选自邓老师微信平台“在美国小学当中文老师”中的《我的教室开放日》，并作了适当的修改。

出来，并制作了教室里的“一年级的时间轴”展示板，效果非常好。

图 8-8　M 小学小欣老师设计的师生友爱“时间轴”

首先，汉语教师应关注与学生及时交流沟通。汉语教师可以在课前和课后与学生随时沟通，并且在交流中鼓励学生学习汉语。比如，上课时汉语教师可以跟学生讲自己的故事，让学生意识到教师也是拥有兴趣爱好和有趣经历的人。下课后当教师在教室里、走廊里遇到学生时，可以主动向学生打招呼并问候。同时，在平时与学生聊天中，教师应适时强调学生学习汉语的重要性，并鼓励学生持之以恒地学习，从而使学生更加主动地参与汉语学习。

其次，汉语教师应表现出对学生才能的认可。莱蒙齐（Lemlech）主张“教师应能够挖掘学生潜在能力和促进学生学习进步”。[①] 汉语教师应在交流中表达对学生个性天赋的关注，同时鼓励学生将个性天赋与汉语学习结合起来。小怡老师通过自身实践经验发现，美国小学汉语课堂中拥有汉语学习天赋的学生不在少数，但是他们的汉语学习天赋通常很少被关注和充分挖掘。因此我们认为，美国小学汉语教师有责任帮助学生开发汉语学习天赋，并鼓励学生珍惜自己的汉语学习优势，重视自身汉语能力的发展。

---

① 转引自陈时见：《课堂管理论》，南宁：广西教育出版社，2000 年。

【案例收集：结合学生特长教汉语；G 小学，小高老师提供】

在一次汉字教学课上，我发现学生雷森在汉字书写能力方面表现突出，课后经过仔细观察，我发现其原因在于他从小就酷爱画画。于是我告诉他我很欣赏他的绘画天赋，并且向他推荐了一本中国画册。没想到他非常喜欢，并主动要求我教他画竹子。几天后他从家里带来了他的国画作品，他画了一幅竹子图并且还写上了汉字，从那以后他学习汉语的热情更高了。没想到我不经意的发现竟能起到这么大的促进作用。(见图 8-9)。

图 8-9　G 小学小高老师设计的“天赋引导”情绪控制法

上述案例给予我们的启示在于，美国小学生渴望被汉语教师关注和鼓励，因此汉语教师应该发现学生的兴趣与天赋，并及时给予正面引导与鼓励，调动学生学习汉语的积极性，使学生重视汉语学习，并通过汉语学习使自身优势得到充分发展。

应该注意的是，科学有效的课堂活动是最好的掌控班级纪律的手段，教师应该在课堂教学本身下功夫，这种“管理”的效果是持久的。良好的课堂活动设计能够让学生“忙碌”起来，没有闲暇时间去想、去做其他事情。

第九章　美国小学汉语教育资源的整合利用

资源这个概念最源于经济学研究范畴，是指进行生产实践所需要的具有实体性特征的自然条件和物质基础。[①] 有研究者认为，教育资源整合的内涵为："根据民众终身学习的需求以及国家经济社会发展的需要，统筹协调各级各类和各种形态的教育资源，实现社会有限教育资源的最优配置，从而发挥教育资源的最大效益。"[②]这种把效益最优化原理引入教育研究领域以实现教育资源整合效益最优化的目的在于，可以将现有教育资源在既定条件下进行重新调整组合，以满足更广泛、更多元的学习者的需求，从而使教育水平和学习水平达到最优。

美国 21 世纪外语学习标准强调了应用学习的重要性，强调由局限于课堂的封闭语言教学转变为课堂内外相结合的开放性教学，以实现课堂内外的有机结合与优势互补。[③] 美国小学教师很重视对现有资源环境进行全方位、立体化的开发与利用。借鉴美国小学对于教育资源的整合利用，可以对汉语教学的开展起到的促进作用。目前对于美国小学汉语教育资源的研究非常薄弱，因此值得予以深入研究。

我们认为，从教育资源的区域、组织管理形式和实际操作利用等角度，可以将美国小学教育资源整合分为"校内资源整合"

---

① 顾明远：《教育大辞典》（第一卷），北京：目标教育出版社，1990 年。

② 高志敏：《社会转型期成人教育终身教育研究》，北京：首都师范大学出版社，2007 年。

③ 见王添淼、钱旭菁：《浅析美国国家汉语学习目标》，载程爱民、何文潮、牟岭主编：《对美汉语教学论集》，北京：外语教学与研究出版社，2007 年。

和“社区资源整合”两大部分。

第一节 美国小学校内汉语教育资源的整合利用

一、美国小学校内教育资源的整合利用

我们认为，美国小学校内教育资源的整合利用是指教师将校园范围内的物质资源和人文资源，通过各种以促进教学为目的的资源优化配置方式，进行充分开发和创造性运用的行为过程。限于篇幅，此处我们所探讨的校内教育资源主要是指教室的教育环境资源。

教室环境是开展教学活动的重要场所，也是体现教育理念的场所。作为重要教学环境，教室为学生的学习和成长构建了一个生态环境，并体现了学校的教育理念、教育精神和文化内涵。小学生在学校学习的大部分时间都是在教室环境中度过的，所以教室环境对学生的影响非常大。在注重学生个性培养的今天，学生学习环境、生活环境的品质也需要提升①。为此，美国小学的老师们往往是精心设计教室，使师生的个性与创造性尽显其中。

勒温（K. Lewin）和托马斯·魏德（J. Thomas Wade）是最早研究教育环境问题的心理学家。他们从心理学角度深入研究了人的行为与环境的关系，指出人的行为都是在一定的“动力场”中产生的，行为会随着人和环境这两个因素的变化而变化。②我们认为，对校内教室环境资源进行分析和优化配置，可以深刻地影响教学活动的开展质量和效果。

---

① 邵征锋：《教室设计对教学的影响》，《中国教科创新导刊》，2008 年第 6 期。
② 岑国祯：《教育心理学》，北京：中国人民大学出版社，2006 年。

1. 汉语教师对美国小学教室环境的印象

为了研究美国小学教室环境资源区别于中国小学教室环境资源的特色，小怡老师就“你对美国小学环境的第一印象”这一问题，对部分汉语教师进行了调查，汉语教师从六个方面发表了看法，调查结果详见表 9-1。

表 9-1　汉语教师对美国小学教室环境第一印象调查统计表

序号	对美国小学教室环境的第一印象
1	以学生为中心；学生行动自由；将学生作品贴在公共走廊里展示
2	课堂环境生活化；校园环境有“安全感”；空间设计体现多功能性
3	教师和学生亲密相处；寓教于乐；班级布置和教学围绕一个主题
4	教室环境布置中有很多有关学习理念或方法的标语
5	桌椅形状多样，可以灵活组合，学生与教师坐在一起
6	教学设备齐全而且现代化；每个班级都有国旗和地球仪

由上表的调查情况可以看出，美国小学校内环境体现出“人本主义”和“实用主义”特色。据了解，美国小学教室环境的设计基本上是由美国小学教师负责的，美国小学教师很重视对教室环境的打造，因为教室这一空间因素是影响教学组织形式顺利实施的重要方面。[①] 刺激丰富、充满趣味的环境布置可以促进儿童的语言发展。

2. 美国小学教室环境的布局

1）教室分区

美国小学教室一般都进行分区，主要有班主任私人工作区、集体教学区、自主学习区、班级厨房区、休息娱乐区、学习用品摆放区等多功能区域。至于每个区域的具体位置、空间大小都由班导师自主规划，各个功能区分工明确并融为一体，每个区域的布置都极具特色和创新。

① 田慧生：《教学环境论》，南昌：江西教育出版社，1990 年。

【实地观察：美国小学家庭式的阅读区；A 小学，小怡老师实录】

A 小学三年级的教室空间被分隔成“回型”课桌椅区、舒适休息阅读区、一帮一小组阅读区、教师辅导区、情绪管理与写作区、数学与字母学习区、教师及助理办公区、盥洗餐饮区等。因此学生可以根据自己的喜好自由选择学习和活力区域。(见图 9-1)

图 9-1　A 小学教室内的家庭式阅读区

班主任私人工作区。在美国的小学，一般来说一个班级配备一个班主任。班主任既要负责该班的日常管理，同时兼做该班的任课老师。班主任的工作设置在教室后边，包括一张放置教学资料和学生资料的办公桌和一把椅子。班主任老师的桌子与电脑桌一般呈 L 型摆放，便于教师备课时也能观察到学生的行为。老师在课余备课时间与学生随时交流，回答学生的问题，对学生进行个别教学、提供帮助。

自主学习区。美国小学非常重视培养学生自主学习的能力，培养学生拥有较为广阔的视野，因此多设置自主学习区。这一区域包括图书角、科技角等。

【案例收集：美国小学教室的图书角和科技角；刘老师提供】

这间教室的后方有一个很大的图书角，图书的种类很多，如《收获季节》《植物的构造》《土狼》《雪花》《什么是健康饮食》《啄木鸟》《青蛙的变化》《林肯的故事》等。教室另一侧还有一块很大的电子黑板，电子黑板旁边是“科技角”，科技角的桌上摆有多种贝壳、岩石、标本，还有一个很大的玻璃缸让学生观察昆虫。

休息娱乐区。美国小学的教室一般也设置休息娱乐的区域，使学生得到休息放松。有的教室在一角摆放一张上下双层的大床，提前完成任务的学生可去大床上休息或进行阅读。M 小学的一间教室还设置了一个供学生放松和玩耍的双层小阁楼，如图 9-2：[①]

图 9-2　M 小学设置的供学生休息和娱乐的小阁楼

学习用品摆放区。有的教室还设置了学习用品摆放区，用以摆放文具、教具等。有一所小学的墙角处摆放着设有很多格子的大柜子，每个学生都有自己的小格子来提交或领取作业。柜子的

① 范博：《对美国小学汉语教学的思考—以美国俄勒冈州尤金市 M 学校为例》，中央民族大学硕士学位论文，2013 年。

最下面摆放着各种文具，学生可根据需要随时领取。

除了班主任办公区，不少区域的布置都是由学生参与动手来完成的，教师在其中起协调作用并提供相关的后勤保障。教师除了负责学生的安全、维持秩序和提供各种手工制作所需要的材料外，对学生的设计一般很少干涉。学生在整个设计过程中充分发挥各自的想象力和创造力。

2）桌椅摆放

美国小学幼儿园以及低年级的教室里一般都铺有地毯，桌椅通常是大圆桌或者是大的长方形桌子和小椅子，这样有利于小孩子们集中起来，方便教师管理，也方便小朋友们自己移动桌椅来进行一些活动。美国小学教室的桌椅形状多样且方便移动，因此教师可以根据教学需要随时改变桌椅位置，并以此重新设计室内空间格局。美国教师会根据不同的教学内容来给学生安排不同的任务，同一时段内会有几组学生进行不同的活动，因此桌椅的摆放方式一般有这样几种：

A. 四桌一组的小组摆放方式。由于美国小学的课堂教学讨论和小组活动较多，桌椅多采用四桌一组的小组摆放的方式，这种摆放方式便于课堂分组活动，在活动中培养学生的团队合作精神。

B. 半包围型的桌椅摆放方式。这种摆放方式也是美国小学桌椅摆放经常使用的方式之一，这种方式便于学生与老师进行最大化的眼神交流并发挥老师在教学中的指导作用。由于半包围的桌椅摆放形式不分主次与前后，无论座位在哪个方向，学生们都能感受到来自老师平等公正的关注。

C. 独立分开式的摆放方式。学生自己做练习的时候，桌子是独立分开摆放的，以鼓励学生自己完成任务。高年级的教室中，桌椅则是一人一桌一椅，每个人都有自己的空间，也显得更为独立。

当然，桌椅的摆放方式和学生座次的安排可以根据老师的教学实际情况不断组合。学生们在不断接触不同学生的过程中，可以锻炼自己与同学之间的合作和交流的能力。

值得注意的是，美国小学教室里没有孤置于教室前面的讲台，老师在教学的过程中可以在教室里随处走动，与学生进行互动和交流，潜移默化地实践了师生平等的理念。

3. 美国小学教室的布置

根据实地调查我们发现，美国小学教室内布置的内容可以分为知识类、生活类和休闲类。

知识类内容。美国人也把小学的教室叫作 WORKSHOP（工作室），美国小学教室里会张贴很多知识类信息，学生对各种知识可谓触目可及，尤其是高年级的教室布置得更有知识性，知识性的信息量也更大一些。教室黑板区域的布置内容通常与所学知识重点同步，因此这些知识内容每隔一段时间都会根据教学内容而有所更换。教室里还会装饰各种贴画，内容涉及美术、文化、地理、社会等领域的知识。在我们所观察的一所小学的教室中，在黑板的一角设计了一个日期显示区和时间显示区，以配合数学课中对数字的教学。课堂行为规范或学生表现等也会体现在这个区域的布置内容之中，教室的墙上也会张贴学生的作业。

生活类内容。美国小学教室的墙上一般会挂有学生的生日表、季节表以及天气预报表。教室里还悬挂着各种具有美国特色的卡通玩具。每到节日，如圣诞节，教室里还装饰圣诞树、水晶球等。教室中通常会摆放很多植物，以增加自然的气息和生活化的氛围。

休闲类内容。每个教室都以展现学生个性以及轻松活跃的风格为主，比如教室内的多个地方都会张贴学生的绘画作品，或者一些能够启发学生的海报或绘画作品。教师在布置教室时还使用了家居生活用品，如沙发、卡通玩偶、地毯、装饰画等，这使得教室充满了舒适闲适的感觉。

4. 美国小学教室的特点

1）充满人性化

美国小学教室充满人性化，具体体现在：色彩缤纷、充满童趣且温馨如家。以我们所观察的教室为例，教室被粉刷成苹果绿色，给人的感觉相当温馨。低年级的教室布置得很有童趣，配有彩色卡通图案。学生们可以坐在地毯上自由地玩耍游戏，教师也可以坐在地毯上和学生完成课堂教学活动。

此外，在教室一侧的墙上贴有造型各异的挂钩，用来给学生挂书包，挂钩上方相对应地贴有各个学生的照片及姓名卡。照片上方贴有一大张苹果图，上面贴有五颜六色带有学生姓名的小苹果，用来记录学生当天的表现。大苹果图上还印有一行金字，“You are the apple of my eye.”（你是我的掌上明珠）。

轻松愉快的教室充满关爱的气息。美国小学生在校期间有较多的自由时间自主安排学习，因此美国小学人性化的舒适室内环境为学生良好的学习体验营造了外围环境。

2）充满个性化

在实地观察时，我们发现美国小学教师在教室布置方面都有自己的主题（如恐龙、鳄鱼）和个性，直观地体现出班主任的个性特点和学生的年龄特点。这一点与中国学校教室的布置有一定的差异。

教室有时以美国小学教师的名字命名，如玛丽太太的教室、保罗老师的教室。教室大门也直观地记录着该班的年级和班主任的基本信息，同时教室大门的布置也体现了该班班主任的个人风格。比如，有些老师选用自己喜欢的彩纸将教室门包起来，并在彩纸上贴上各种卡通彩色图片。有时也贴上“贝尔老师的班好棒!”“欢迎来到爱丽斯老师的教室!”等极具个性的班级口号。有的老师甚至别具匠心地制作彩色卡通学校地图贴在教室门外，让自己班的学生以及其他班级的学生都可以通过这个地图熟悉学校的主要场所。

3）具有多功能性

美国小学的教室具有多功能性，兼具学习、办公、玩耍、休息、阅读等功能。

在高年级教室，环境的设置更多地考虑了学习内容，如教室的所有空间都成为学生展示自己才华的舞台，四周墙壁可以展示平面的作品，天花板则可以悬挂学生的立体创意作品，促进学生的学习与交流。在很多教室，教室的四壁张贴了很多教学挂图以及教师制作的教学解释图片。美国小学班级教师的办公室与学生的教室在同一个空间内，其意义在于学生的任何行为都在教师的监控之下。美国小学的课堂暖色调的环境设计让人感到教室的温暖，教室四周的墙壁上贴满了各种教师或学生制作的插图以及各种教学挂件。

儿童具有多功能的教学环境中学习，有利于其身心全面发展。

5. 美国小学的室外活动空间

美国小学的室外活动空间包括走廊、操场、阳台等。这些空间不仅是学校文化展示的窗口，也是班级之间相互交流教学与学习经验的长廊，它还扮演着学生成果展示平台的角色。室外空间将教师、学生、班级、年级之间连接起来，形成了充分体现乐学、进取、互助、共享的美国小学校园的整体。

【实地观察：美国小学多功能校园走廊；W 小学，小怡老师实录】

W 小学的校园主体建筑像个面包圈，其中间的空间地带是学校的生物实验田。校园走廊随处可见学生的研究成果报告，以年级为单位，由各个班级联合创作的大海报非常醒目，其内容多为各班的阅读量完成情况、学习调查等。每个教室门口都被老师进行了精心设计，常见的有班级家庭树、班导师自己的照片、班级的教学目标、班级学生的作品展示、家长留言簿等。与教室相连的走廊空间成为了学校专项辅导教师的临时办公室，它们被划分成一个个

工作间，在里面有教学用的桌椅黑板和电脑。操场也是美国小学的常用室外空间，教师可以随时在室外教学。(见图 9–3)

图 9–3　W 小学走廊里的辅导员临时办公间

美国小学的教室充分体现了以学生为中心的人文性，彰显个性、自由发挥的创新性以及培养学生超越学科的能力。[①]

二、美国小学校内汉语教育资源的整合利用

非目的语环境下的少儿汉语教学应采用多种方式营造语言学习的环境和氛围，以激发学生的兴趣，让他们在体验汉语的同时了解中国。[②]

很多汉语新手教师刚来美国工作时，对美国小学校内教学资源的认识有局限性。美国小学汉语教师通过对校内汉语教育资源的整合利用，可以极大地促进汉语教学工作的开展。首先，可以

① 杨静林、王枫林：《从美国小学课堂布置管窥美国教育理念》，《四川教育学院学报》，2011 年第 11 期。

② 刘玥妍：《阳光汉语——海外本土化少儿汉语教材的编写及研发思路》，《世界汉语教学学会通讯》，2011 年。

丰富汉语教学形式，提高汉语教学效果。其次，汉语教师可以在更大的范围内加强汉语教学宣传，从而扩大教学影响力，使汉语教学受到学生和家长的重视。

美国小学生除了在汉语课堂中能接触与汉语言和中国文化相关的素材外，几乎没有条件在日常生活中随时接触相关资源。但是，汉语学习的客观资源环境对巩固学生语言学习和增加学习兴趣方面有着不可忽视的作用。汉语学习的校内环境氛围是汉语学习的隐性教学环境，“从影响的效果看，隐性课程对教学是一种潜移默化的影响，不是立竿见影，但具有迟效性、累积性、持久性或稳定性。”①

部分汉语教师通过对美国小学教室资源利用情况的观察，逐渐形成了打造校内汉语学习环境的意识。下面是一则汉语教师的具体案例。

【案例收集：精心建设汉语教室环境；H 小学，小卢老师提供②】

上课时我们将汉语教室布置得富于中国特色，放置了中国式的家具和装饰，让教室充满中国文化的氛围，让学生一进门就能感受到浓郁而新奇的中国风。同时我们挑选了一些富有中国文化元素的物品，如拨浪鼓、扇子、毛笔、筷子等，还根据学生热爱户外运动的特点选取了一些中国游戏，如皮筋、毽子、沙包等。我们先让学生观察、思考、提问、分享各自的想法，最后由老师解释并带领学生体验。

---

① 张世洲、谭琦：《高校隐性德育课程优化刍议》，《教育探索》，2008 年第 10 期。

② 参见卢畅：《海外中小学汉语教学中的“文化优先”原则》，《世界汉语教学学会通讯》，2013 年第 2 期。

【案例收集：建设汉语宣传栏；M 小学，小欣老师提供】

我去 M 小学观摩小欣老师的汉语课时，惊喜地发现他在教室内和走廊里都设计了汉语言文化宣传栏，同时搭设了汉语图书角，以方便学生随时随地获取汉语学习资源。小欣老师告诉我，他的美国指导教师经常将教学内容以多种多样的形式呈现给学生，指导教师告诉他墙报的优点在于既能将知识进行图文并茂的呈现，让学生在潜移默化中受到启发，又能营造良好的学习环境。（见图 9-4）

图 9-4　M 小学小欣老师设计的汉语走廊宣传栏

从上述案例可知，美国小学汉语教师在负责汉语课堂教学的同时，也担负起了汉语环境建造者的责任。这给我们的启示在于汉语教师应把学习主体、外部因素及其相互关系作为一个系统工程来研究，调动各方面的积极因素，从而实现综合教育内显性教学和隐性教学的统一。[①]

① 曹贤文：《语言教育如何体现留学生的素质要求》，《汉语学习》，2000 年第 3 期。

第二节　美国小学社区汉语教育资源的整合利用

一、美国小学社区教育资源的整合利用

本研究所指“社区资源”为社区内可供教育者进行教学的语言和文化资源，这些资源根植于当地社会文化境域中，与其民众的文化生活息息相关。

1. 社区的概念及美国小学所属社区资源的类型

“社区”这个词是由德国社会学家费迪南德·滕尼斯提出的，社会学家把它理解为人类社会群集之间形成的一种共生关系。当然不同的社会学家对此有不同的解释，其中得到普遍认同的解释为：社区是介于邻里和区域之间的社会实体，是社会学的一个研究单位。具体来说，社区是指许多个人、家庭、团体以及习俗、制度组合在同一个地区之内，并从这个共同组合形式中形成种种联系。[①]可以说，社区是聚居在一定地域内的人们所组成的社会共同体，是社会重要的构成要素，是社会文化的缩影，是社会功能的载体。美国在《21 世纪外语教学标准》中提出了外语教学的“5C”目标，其中“Communities”即为“社区”。

我们认为，美国小学社区资源整合是指：全面开发和优化配置社区环境中的自然及人文教育资源，并通过组织学习和文化体验活动的形式使小学生在真实的社会环境中学习。

通过实地调查和访谈，我们收集了很多社区资源用于教学的案例，在对这些案例进行统计分类后，大致描述出了美国小学教师在教学中常用的社区教育资源种类。

从社区教育资源的种类来看，美国社区内有各种企业、商业、

① 刘珣、郭睿：《汉语教师发展》，北京：北京语言大学出版社，2010 年。

科研机构、医院、福利院、体育场馆、公共图书馆、文化馆、博物馆、展览馆、公园、影剧院、青少年活动中心、社区学校等机构，这些机构具有丰富的教育资源。

从社区教育资源的时效性来看，美国社区内的教学资源可以分为“固定型教育资源”和“临时型教育资源”两种类型。其中，固定型教育资源是指实践场所不变的常规活动资源；临时型教育资源是指在时间上无法预先设定的活动或非长期存在的活动资源。

我们针对美国小学教师常用的社区固定型教育资源进行了分类，见表9-2：

表 9-2 美国社区固定型教育资源调查统计表

序号	资源类型	整合与利用方式
1	企业	H小学五年级将企业环境参观与社会调查课外练习相结合。
2	商业	R小学一年级将购物实践与数学课相结合。
3	科研机构	G小学三年级组织学生参观俄勒冈大学的生物实验室。
4	医院	M小学二年级组织学生去宠物医院帮助动物做康复训练。
5	福利院	W小学三年级组织学生去老人院给老人送南瓜。
6	图书馆	R小学三年级组织学生去市立图书馆上阅读课。
7	博物馆	A小学组织学生去印第安文化博物馆上地理课。
8	动物园	O小学四年级组织学生去动物园观察动物习性。
9	公园	V小学二年级组织学生到附近公园里上美术课。
10	活动中心	W小学三年级组织学生去儿童活动中心学习制作陶艺。

我们还对美国小学教师常用的社区内临时型教育资源进行了分类，其利用情况见表9-3：

表 9-3 美国社区临时型教育资源调查统计表

序号	资源类型	整合利用方式
1	体育比赛	O 学校四年级体育老师组织学生开展足球赛志愿者工作。
2	文化展览	W 学校三年级美术老师组织学生参观当地民间艺术一条街。
3	艺术表演	R 学校语文老师带学生观看音乐剧胡桃夹子。
4	节日庆典	G 学校历史老师组织学生体验墨西哥传统节日。
5	生态观察	M 学校生物老师带学生观察三文鱼季节性回流产卵现象。

2. 美国小学社区教育资源的特点

通过教学案例的搜集和分析，我们发现美国小学社区教育资源大致有两个特点："实地体验性活动丰富多彩""课外拓展性活动多种多样"。

1）实地体验性活动丰富多彩

首先，美国小学教师很重视学生从体验传统节日活动中学习文化知识，因此学生实地体验型活动丰富多彩。

美国教师主张孩子亲历每个节日庆祝活动。小怡老师在美工作期间亲自体验了美国的万圣节、感恩节、圣诞节以及跨年庆祝等多个节日。不论在学校还是在家庭里，教师和家长都利用节日将每个月的教学活动和家庭活动联系起来。节日庆祝是社会性活动，其中包括文化教育、情感教育和交际能力训练等功能。例如，在过万圣节时，教师会选择与节日相关的书籍给学生阅读，课堂活动如游戏、绘画、手工制作、表演也围绕节日的南瓜主题展开；家庭里父母会和孩子一起精心设计化妆用的服装道具，并且在节日当晚带孩子外出挨家挨户要糖果；节日结束后，学生会根据自己的经历完成图文并茂的作业汇报。

其次，美国小学教师注重学生通过实地体验来学习，使学生在实践中掌握具体方法和途径，从而培养学生的实际操作能力。在具体的教学活动组织中，美国小学教师会事先做好周密安排，以保证活动的顺利开展。

【案例收集：美国小学在图书馆进行实地教学；W 小学，小阳老师提供】

W 学校教师设计了一次实地参观并使用市立图书馆的体验式课程。教师首先提前一周向学校和市立图书馆申请校外教学，随后提前三天联系好校车或当地的公交公司。在出行当天全体师生需要签订安全协议，同时教师会邀请同事或家长协助分组看护学生。早上九点半到市立博物馆后，教师引导学生复习了上节课学过的市立图书馆平面图和图书馆内规章制度，然后带领学生跟随图书馆工作人员参观图书馆全貌。之后分成 6 人小组，由 5 位助理教师分别管理，亲自体验图书馆书目索引及借阅程序。下午一点回到教室，教师组织学生谈体会和收获。

从上述案例中，我们不仅可以看出美国小学教师善于利用社区的教育资源开展体验性活动，而且从具体的组织流程中可以看出，美国教师在开展社区户外活动前，会事先做好详细的实施计划，并且通过多方联系以确保活动所需的人力物力按时到位，另外也特别注重户外活动的安全问题。

2）课外拓展性活动多种多样

首先，美国小学教师善于在教学活动中将自然环境资源利用起来，因此学生拓展性教学活动多种多样。

自然环境属于固定型社区资源，美国小学教师会通过自己熟识的环保社团联系野外教学场地。例如，V 小学的一位家长是生态环境爱好者，这位家长积极与 V 小学教师开展教学合作。他们联系了当地设在森林中的生态研究工作室，于是教师将学生带进了森林，在生态研究工作者的帮助下，参观了各种森林物种，教师也随机在森林工作室中完成了土壤生态环境教学。（见图 9-5）

其次，美国小学教师善于利用当地文化展览进行课堂知识延

图 9–5　美国小学教师对自然环境教育资源的整合利用

展性教学。文化展览属于非固定型社区教育资源，具有一定的节气性和地域性。

【案例收集：美国小学蘑菇节实地教学；R 小学，小怡老师提供】

我工作所在的美国俄勒冈州尤金市有着丰富的森林资源，所以当地蘑菇搜集爱好者众多，于是当地民间团体将爱好者组织起来举办每年一度的蘑菇文化节。在蘑菇文化节上会展出上千种蘑菇标本，因此很多美国小学教师会在文化节期间搜集菌类教学素材，或组织学生前来实地参观学习。在实地参观学习时，教师会要求学生在参观前先查阅相关资料，并发给学生需要解决的几个问题。然后在实地观察时将学生分成小组，每个小组都需要带着问题去观察和研究。在活动结束后的一两天内，教师会在班级里召开研讨会，用小组汇报的形式让学生们相互学习。

图 9-6 美国小学教师对当地文化节教学资源的整合利用

由上述案例可知，通过将社区教育资源和学校教学相结合的教学方式，教师以文化节为桥梁，将课堂知识延展到了真实的自然界，从而开展了一系列丰富有趣的教学实践活动。

二、美国小学社区汉语教育资源的整合利用①

《国际汉语教师标准》标准 10.3 规定："教师应主动参与专业或社区活动，以丰富自己的教学档案。"而且具体规定了活动参与的基本概念范畴和能力指标。学校与社区的关系是汉语教学发展

① 部分内容参见贺怡然、田艳：《对美国小学汉语教学社区资源整合与利用问题的思考——基于对美国 OIIP 项目汉语实习教师的实地调查》，《汉语国际传播研究》，2014 年第 2 期。

中的重要议题，也是汉语教师融入当地社会，顺利开展汉语教学的突破口。但是由于国内社会结构中没有社区部分，所以对中国人来说社区概念比较陌生。在赴美工作的汉语教师的培训中，也未涉及社区相关理论的介绍，因此赴美教师多缺乏社区资源整合利用的经验。

但是，从海外汉语教学大背景来看，社区是许多国家教育产业的重要部分。从这个层面来讲，每位国际汉语教师都应拥有社区公关与交涉能力，能够利用汉语知识和中国文化积极为社区服务，发展良好的学校与社区关系，尽可能地开拓有利于汉语教学的社区环境氛围。

汉语教师可以借助美国小学课外丰富的环境资源，增强中国文化对学生的吸引力，从而激发学习者学习语言的动机。① 据调查，部分汉语新手教师在美国小学汉语教学实践中，能够积极关注社区内的汉语教学资源，勇于将社区教学资源引入日常汉语教学活动中。但是由于新手汉语教师在整合社区教学资源时存在随机性，缺乏从整体规划的角度对社区教学资源进行全面统筹，因而对社区汉语教育资源整合与利用呈现出零散而缺乏规划的特点。在具体的教学运用中，新手汉语教师由于对美国社区教育资源情况把握不足，对突发性问题考虑不周，缺乏全面细致的应急预案设计，因此在社区教学资源使用方面与美国小学教师相比仍存在一定的差距。

我们认为，美国小学汉语教师应该从“树立华人社区资源整合与利用意识”“关注华人社区文化活动资源的整合利用”“关注华人社区服务场所资源的整合与利用”以及“关注华人社区教育设施资源的整合利用”四个方面提高汉语教师对美国社区资源的

① 田艳：《关于语言实践活动的总体构想》，载《北京地区第三届留学生教育学术研讨会论文选》，北京：北京大学出版社，2004 年。

整合与利用能力。

1. 树立华人社区资源整合与利用意识

我们认为，社区具有如下特点：延展性、综合性以及趣味性。[①] 美国小学教师常关注的社区教育资源的功能有：加强文化体验、促进合作学习、强化语言交际。[②]

华人社区资源是美国社区资源的重要组成部分，其中的语言文化资源聚合性高，整体性强，可以为美国小学汉语教学提供资源支持和环境支持。因此，美国小学汉语教师应该树立华人社区资源整合与利用意识。

面对海外汉语教学资源缺乏的客观情况，身处海外教学环境中的汉语教师应关注海外华人资源。因为华人是已经融入海外社会生活的群体，他们不仅保留着与中华文化相关的文化理念和生活习惯，而且还有海外社会各个领域的人际关系和物质资源。小怡老师曾对部分新手汉语教师就华人资源利用问题进行了讨论，最终得到的结果大致可分为以下几种：

A. 我认为对海外汉语教师来说华人资源很重要，因为华裔后代大多有学习汉语的需求，所以他们会支持汉语教学。

B. 我认为海外华人资源固然重要，但是我不知道如何让他们参与汉语教学。

C. 我认为海外华人资源值得关注，对相关社区资源的调查亟待展开。

从上述讨论结果来看，大部分新手汉语教师认同华人资源可以在美国小学汉语教学中发挥重要作用。

---

① 田艳、贺怡然：《本科留学生语言文化实践教学体系的建立》，载《加强教学建设提高人才培养质量—中央民族大学本科教学研究第十四辑》，北京：中央民族大学出版社，2013 年。

② 贺怡然、田艳：《对美国小学汉语教学社区资源整合与利用问题的思考——基于对美国 OIIP 项目汉语实习教师的实地调查》，《汉语国际传播研究》，2014 年第 2 期。

至于对华人社区资源如何进行整合与利用，我们提出应对以下三类资源的整合与利用予以关注：华人社区文化活动资源、华人社区服务场所资源、华人社区教育设施资源。

2. 关注华人社区文化活动资源的整合利用

华人社区文化活动是华人文化生活的重要组成部分，是与中国传统文化与民间风俗相联系的非固定型社区资源。美国小学汉语教师应采用多种方式，让汉语学习者参与到这些活动中，并在活动中以恰当的方式将华人活动资源引入汉语教学中。比如，汉语教师可以让美国小学生观看华人社区活动中的京剧、太极拳、武术表演等，感悟中国语言和文化魅力。汉语教师也应鼓励美国小学生积极参与华人社区表演活动，如为学生编排舞龙舞狮等节目。

【案例收集：华人中秋节活动整合与利用；R 小学，小怡老师提供】

我在中秋节前收到当地旅美华人文化促进会的邀请，在华人中秋节联欢会上表演民族乐器，我在表演当天邀请了美国小学生和家长参加。通过这次中华文化活动，学生们不仅了解了关于中秋节的文化知识，欣赏了中国艺术展演，而且认识了同龄的华人朋友，从而提升了学习汉语的兴趣。同时，当地华人对这种扩大中国语言文化影响力的交流形式也表示赞赏和支持。

由上述案例可以看出，汉语教师应积极引导学生和家长参与当地华人社区的文化活动，这不仅有利于加强美国学生的汉语言文化的观察体验和模仿学习能力，而且有利于培养当地社区民众对汉语教师和汉语教学的认同感。

3. 关注对华人社区服务场所资源的整合利用

华人社区服务场所包括华人开办的商场、饭店、学校、休闲中心等。在这些场所可以集中接触到华人生活交际的语言、文字和文化资源。因此，对美国小学汉语学习者来说，这里是真实的汉语交际运用环境；对汉语教师来说，这里是良好的隐性汉语教学场所。

据调查，部分新手汉语教师在教学实践中，将华人服务场所与汉语教学进行了结合，但由于缺乏社区资源整合与利用的经验和一定的组织能力，因此在实际教学中产生了一些问题。我们对其中的一则有代表性的失败案例进行了分析：

【案例收集：华人超市资源利用；A 小学，小雷老师提供】

汉语教师小雷为了配合其正在进行的“购物”教学，设计了一次社区汉语交际实践课。她在一位美国教师的协助下，带领四年级学生去自己经常光顾的华人超市参观，并在那里开展了语言交际实践活动。她将学生分成了两组，每组五人，要求学生按照每组抽取的购物单寻找所需材料，并用所学汉语与售货员沟通。

但是，这次活动实际教学效果并不是很理想。首先，汉语教师在实地教学当天没有确认商品种类，学生在购物中找不到购物单上要求的部分商品。其次，由于华人超市的售货员带有粤语口音，学生在实际沟通中存在较大的听力障碍。

由上述教学案例可知，华人社区服务场所教学资源存在复杂性，有时不能直接用于汉语教学，因此汉语教师在选择和使用这类资源前，应对资源的情况进行全面考查和评估，选取其中可利用的部分引入汉语教学中。

4. 关注华人社区教育设施资源的整合利用

目前美国汉语教学较集中的地区大多拥有中国文化相关设施，其中华人社区的相关教育设施资源比较集中，那里不仅有图书馆，还有博物馆、文化宫以及孔子学院的中华文化体验中心等设施可供当地社区民众参观和学习。这些完备的教育设施普遍具有功能齐全、适合直接用于教学的特点。

因此美国小学汉语教师应了解教学所在地各种教育设施的情况，以便在从事汉语教学时能得心应手地加以利用。比如汉语教师可以带领学生去图书馆翻阅中国杂志，了解中国人的语言文化生活；可以让学生和家长一起去文化宫参观中国艺术展。同时，汉语教师可以介绍学生去当地孔子学院的中华文化体验中心进行专业而全面的语言文化体验培训。

【案例收集：中华文化馆资源的整合与利用；G小学，小高老师提供】

汉语教师小高在学生家长的帮助下联系了当地大学的东亚博物馆，并得到了五名东亚文化教授的主动帮助。这些教授在参观当天担任讲解员，分组带学生参观了中日韩展厅，并在文化对比中重点讲解了中国文化部分。另外，学生还在博物馆的文化体验中心参与了亲自设计青花瓷花瓶的活动。(见图9-7)

图9-7　G小学小高老师设计的中国文化馆体验教学

上述案例给予我们的启示在于，美国小学汉语教师应该重视华人社区教育设施资源的整合，并积极主动地运用人力物力资源争取将现成的教育设施与汉语教学相结合。另外，在面对文化内涵丰富、语言信息量大的华人社会汉语教学资源时，可以在强调落实目的语教学目标的同时，采用学生母语进行中国文化宣传，从而保证汉语教学资源得到充分利用。

校内外教育资源是教育生态环境的重要组成部分，因此美国小学汉语教师应该跳出课本与课堂的局限，充分利用校内资源和学校社区资源进行教育实践活动。[①]

① 田艳：《关于语言实践活动的总体构想》，载《北京地区第三届留学生教育学术研讨会论文选》，北京：北京大学出版社，2004 年。

第十章 其他国家小学汉语教学情况分析

就全球范围来说，小学阶段的汉语教学普遍晚于中学和大学阶段的汉语教学。目前世界各国小学阶段的汉语教学也或多或少地面临着一些困难，但积极地借鉴其他国家小学汉语教学的特色，会在一定程度上促进美国小学汉语教学的发展。本章选取亚洲和欧洲小学汉语教学开展得有特色的国家——韩国和英国，分析其小学汉语教学的开展情况。

第一节 韩国小学汉语教学情况分析[①]

近年来，汉语教育在韩国的普及率不断增高，汉语教学低龄化的发展趋势日益明显。随着韩国政府对小学汉语教育的重视，各地区的小学汉语教学发展迅速。此外，韩国正规四年制大学几乎都开设了汉语专业，由此带动了中小学汉语教学的发展。

韩国小学的汉语教学始于2005年，目前韩国已有大约1000所小学以不同形式开设了汉语课程。首尔及其周边地区、釜山、大

---

① 本小节适当参照了以下文献：1. 杨帆：《韩国仁川地区小学汉语教学现状、问题及对策》，辽宁师范大学硕士学位论文，2014年；2. 朱继美：《韩国全罗南道小学汉语语音教学现状与教学策略》，吉林大学硕士学位论文，2013年；3. 穆甜甜：《“快乐教育”理念下的韩国小学汉语课堂教学研究》，沈阳师范大学硕士学位论文，2014年；4. 李国栋：《韩国全罗南道小学汉语教学情况调研报告》，吉林大学硕士学位论文，2013年；5. 尚曦：《韩国小学汉语教学现状及思考——以全罗南道灵光郡为例》，郑州大学硕士学位论文，2015年。

邱、忠清道、全罗道等地区的小学均已广泛开设了汉语课后课，汉语现在已经逐渐取代日语，成为韩国小学中的第二外语。2007年YCT（少儿汉语考试）开始在韩国举行，第一次考试就有3000多名少年儿童报名参加。2011年，中韩签署了教师交流协议，即CPIK项目。根据该协议，中国于2012年3月份向韩国派出了第一批汉语教师志愿者，这批志愿者共有140名。从2012年至2015年，中国国家汉办先后向韩国中小学派遣了1400名汉语志愿者教师。这一举措有力地促进了韩国小学汉语教学水平的全面提升。

一、教材和教学方面

1. 教材方面

目前韩国小学使用的汉语教材中，有国家汉办开发的教材，也有韩国本土开发的教材。

《快乐汉语》是由国家汉办在汉语教师培训中统一赠送发放的教材。由于该教材是汉语学习的入门教材，注重培养学生在自然环境中学习汉语的兴趣，训练汉语交际能力，因此也在一些韩国小学中使用。教材比较关注学生的日常生活，整本书分为八个单元，每个单元一个主题，每节课都有相应的配套练习进行巩固。

此外，《好棒儿童汉语》《BOOMBOOM汉语》为韩国本土出版社出版的教材。其中《好棒儿童汉语》系列教材是由韩国Chinasisa公司编著的一套针对韩国儿童的汉语学习教材，由韩中两国合作完成。该系列教材坚持从儿童的兴趣出发，具有较强的针对性，采用分角色对话体课文，将人物选取为容易引起儿童注意并贴近儿童生活的卡通形象。课文在内容设置上由浅入深，循序渐进。这套教材总共3册，有完整的拼音教学内容，课程的设置也比较科学。一些教师在教学中使用该教材，也有一些教师以此教材为参考，结合其他版本的教材自己重新编排教学内容。以全罗南道为例，CPIK教师抵达全罗南道之初，教育厅给每位中国教师发放一套《好棒儿童汉语》，供中国教师参考和使用。

全罗南道小学汉语教学的常用教材还有《我爱汉语》《步步高汉语》。这两本教材是韩国全罗南道教育厅组织有关学者、韩方汉语教师和部分小学汉语教师志愿者共同编写的，因此这两本教材的设计比较能够反映一线汉语教师和 CPIK 志愿者教师对理想教材的构想和需求。这两本教材注重汉语的交际功能，包括句子、词汇、语音几部分，以日常简单对话为主，并在课文的基础上设置了很多练习和游戏供教师参考，另外每课还有相关的简单汉字的教学。

2. 教学方面

韩国小学的汉语教学以交际性、实用性为主，教学以培养学生学习汉语的兴趣为主，并且将“听、说、读、写”这四个基本语言技能相结合，着重培养小学生的汉语综合能力。

韩国小学汉语课堂的教学内容基本上分为词汇、句型、语音、汉字、文化等部分。从各类教材可以看出，词汇和句型是教学重点，如“谢谢、不客气”“对不起、没关系”、“你叫什么名字?”、“你是哪国人?”等交际性语句，以及水果、动物、国家、场所、食物等分类词汇。

文化教学是韩国小学汉语教学中十分重要的组成部分。常见的文化教学课程有书法、剪纸、中国结、制作京剧脸谱等。

在教学方面，特别值得一提的是韩国的汉字教学。汉字对于韩国人来说，并不陌生。由于历史问题，汉字在韩国一度被废止。1992 年韩国汉字能力鉴定会成立，同年举行了第一次全国汉字能力检定考试，后来该考试被韩国教育部所认证，成为韩国影响力较大的汉字水平考试，汉字教学也由此迅速在韩国中小学开展起来。在当今的韩国社会，能够认识汉字已经成为一种有文化的表现。目前，全罗南道几乎所有的小学都以课后课的形式开设了汉字课。

韩国的“汉字教学”与传统意义上的汉语课堂上的汉字教学不同，汉字课和汉语综合课是相互区分的两门不同的科目。韩国教育部规定在全国初、高中恢复汉字教育，并推行汉字文件《汉字教育用基本汉字 1800》，小学则没有明确的政策规定，不过有些小学已将汉字课规定为高年级的正式课，汉字课的授课教师一般为汉字基础较好的韩国本土老师。韩国小学的“汉字教学”常与汉文教育结合在一起，主要学习繁体汉字和古文，使用的教材以弘扬儒家思想和伦理道德的经典书籍为主。

尽管如此，汉字课在韩国小学阶段的广泛开展和普及仍然为汉语教学的发展起到了有益的推动作用。很多汉字繁简一致，意义相同，读音相似度高，因此汉字课可以培养小学生对汉字的熟识度，从而使得汉语教学中的汉字教学对韩国学生不再是难点。

二、汉语课型及授课方式

1. 汉语课型

韩国的小学教育属于义务教育，课程设置分为正式课和课后课。

正式课即列入学校正常教学日程内的课程，与韩国语、数学、英语、体育等正式课程并列开展，但是课时数要少得多，而且大多数学校的汉语课不参与期末考核，教学内容的设置比较自由。

课后课韩语名称可直译为“放学后”，即学校在放学之后增设的兴趣课程，学生可以根据个人喜好自由选修。这种课程是免费的，由政府出资，与正常教学日程无关，也不做统一考核。课后课是韩国小学中设置的一种特色课程，小学生放学后可以根据自己的兴趣选择想要参加的课程。和中国的兴趣班是一样的性质，不做强制性要求。

韩国大多数的小学都开设了汉语课，在开设汉语课的小学中，有 30%的小学将汉语作为课后课的学习科目，有 22%的小学将汉语作为正式课的学习科目，有 48%的小学将汉语同时作为正式与课后课的学习科目，其数据比例如图 10-1 所示：

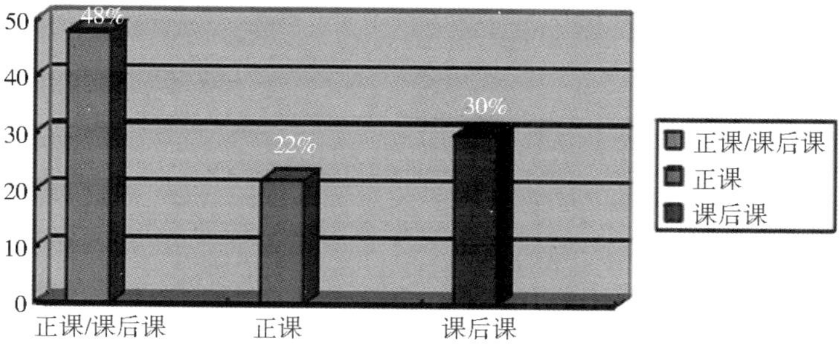

图 10-1　韩国小学汉语课型统计

从以上数据可以看出韩国小学对汉语的重视程度。

此外，仁川恩芝小学为学生家长设置了家长课，学生家长可以来到学校和学生一起学习汉语，这样也为学生的家长提供了接触汉语的机会。

2. 授课方式

在韩国小学的汉语课堂中，分中国教师独立授课和与韩国合作教师协同授课两种授课方式。

相对而言，中韩教师协同授课的课堂教学模式比较盛行。在授课过程中，一般是韩方教师发挥主要作用，汉语教师起到辅助作用，有的学校是中韩教师协调商讨共同主导汉语课堂。韩国搭档教师的汉语水平参差不齐，大多数处于初级水平。在与中国教师共同上课时，韩方教师主要负责用韩语对学生进行知识性的讲解，发出课堂活动指令，中国教师则负责语音的示范领读和会话听力。

另外一些学校的汉语课则没有韩国合作教师，中国教师独立完成对汉语课程的规划设计和实施，自行设计课程并独立授课。中国教师独立上课之初，大多数学校的韩国班主任教师会在课堂上协助管理课堂和维持纪律，但不参与具体教学。等到中国教师熟悉课堂之后，韩国老师就把课堂完全交给中国教师。

三、汉语教学法

1. 活动中心教学法

张敬在《韩国中小学汉语教学法研究综述》一文中对韩国小学汉语教学法的研究进行了总结归纳。她认为，“活动中心教学法”在韩国小学汉语教学界占有主导地位，主要表现为整体语言教学法、儿歌教学法等。在韩国小学汉语教学界已经开始出现以个人学习者为中心的教学法，教师分析学习者的个人特点然后将其应用于教学实践。①

2. 直接法、全身反应法

萧素秋在《对韩国儿童汉语教学的总体评量》中以韩国乒乓儿童汉语学院为例，指出韩国少儿汉语教学采用的外语教学法为“直接法”和“全身反应法”。作者认为在儿童汉语阶段不应着重讲授汉语的语法，而应把重点放在儿童的汉语词汇积累以及语音方面。②

3. 游戏教学法

萧肃秋在《对外儿童汉语教学的游戏方法探讨》中，提出韩国少儿汉语教学中的游戏对于激发学生兴趣具有重要作用，并列举了一系列适合在儿童汉语课堂上运用的游戏。适合初级阶段的游戏有“抽象艺术家”“喊一拍一”“教师说”“名字游戏”等，适合中高级阶段的游戏有“球类比赛”“照片的故事”“记忆游

---

① 张敬：《韩国中小学汉语教学法研究综述》，《汉语国际传播研究》，2011 年第 1 期。

② 萧素秋：《对韩国儿童汉语教学的总体评量》，《北京语言大学对外汉语研究中心会议论文集》，北京：北京大学出版社，2002 年。

戏”等。作者共列举了38种游戏，游戏多种多样，丰富多彩。[①]

此外，田鑫在《韩国釜山地区开花小学汉语游戏教学的行动研究》[②]一文中以韩国釜山的开花小学为例，指出课堂游戏教学法是一种有效的课堂互动手段，可以调动学生的积极性，发挥学生的主体作用。王岩的《韩国中小学汉语课堂游戏教学法研究——以全罗南道地区中小学为例》[③]、周珏烨的《游戏教学法在韩国小学汉语课堂中的应用》[④]以及昔河娜的《游戏教学法在韩国儿童汉语教学中的应用研究》[⑤]等文章，都对游戏教学法在韩国小学汉语教学中的作用进行了介绍，并通过亲身的教学实践以及调研提出了有效的游戏教学法。

研究者发现，高达83%的汉语教师志愿者认为在诸多课堂活动中，学生最喜欢的活动是游戏，96%的汉语志愿者教师认为在小学汉语课堂上，教师主要是使学生对汉语产生兴趣，为学生以后学习汉语做铺垫。45%的汉语教师志愿者认为最大的收获是使韩国小学生对汉语产生了兴趣，高达83%的汉语教师志愿者表示让汉语课堂变成能够使小学生感到快乐的地方是提高学生学习汉语兴趣的最好方法。

在以上韩国学者对韩国小学汉语教学的研究中可以发现，韩国小学汉语教学法倾向于“游戏教学”“儿歌教学”等以“活动为中心”的教学法，并且特别就“游戏教学”提出了很多在教学

---

① 萧肃秋：《对外儿童汉语教学的游戏方法探讨》，载《世界汉语教学学会会议论文集》，北京：北京语言大学出版社，1999年。

② 田鑫：《韩国釜山地区开花小学汉语游戏教学的行动研究》，东北师范大学硕士学位论文，2012年。

③ 王岩：《韩国中小学汉语课堂游戏教学法研究——以全罗南道地区中小学为例》，吉林大学硕士学位论文，2013年。

④ 周珏烨：《游戏教学法在韩国小学汉语课堂中的应用》，山东师范大学硕士学位论文，2013年。

⑤ 昔河娜：《游戏教学法在韩国儿童汉语教学中的应用研究》，山东师范大学硕士学位论文，2011年。

实践中被证明具有可操作性的游戏方法。以“活动为中心”的教学法符合韩国小学生活泼好动的特点，能够使学生快乐学习而不觉得枯燥乏味。

四、汉语体验活动

1. 孔子学院体验活动

该活动是学生在学校老师的带领下，利用正常的教学时间到孔子学院体验参观和学习，以此增进韩国小学生对汉语和中国文化的了解，拓宽学生的视野，提高学生汉语学习的积极性。很多学校开展了这样的活动，并取得了非常好的效果。以木浦市爱乡小学与木浦市世翰大学孔子学院的合作项目为例，学校在学年之初处即制定计划，将全校 1~6 年级的所有学生分批次到孔子学院体验学习的时间安排好。具体活动体验过程如下：班主任带领学生到当地孔子学院，然后分组由不同的孔子学院的教师带领，在各个文化展区开始进行体验学习。孔子学院的老师以实物、图片、视频以及表演演示等形式向学生介绍中国文化，同时学生学习相关的词汇和简单会话。体验参观结束之后（一般是一个上午或者一整天的时间），孔子学院统一组织小学生进行有奖问答活动，对整个体验学习活动进行检验。这个活动对于小学生了解中国文化、提高汉语学习兴趣起到了积极作用。

2. 汉语夏令营活动

该活动是指在寒暑假期间开展的以语言和文化相结合的教学活动。韩国小学在寒暑假期间仍然面向学生开设一些课后课课程，这些课程占据了整个假期一半以上的时间。学生根据自己的爱好和时间安排，自愿选择学习。汉语夏令营（冬令营）活动一般为假期的 2~3 周，汉语老师安排一些与中国文化相关的内容进行授课，以了解、体验为主，没有太多的汉语知识方面的要求。学校往往会提供一定的资金支持，用于购买相应的教学用品或小礼物用于对学生的奖励。以务安郡三乡东小学为例，学校在 2012 年暑期进行了汉语夏令营活动，开展了包括剪纸、书法、京剧等文化内容在内的汉语教学，极大地提高了学生汉语学习的兴趣和积极性。

3. 中国旅游体验活动

一些学校组织学生在假期自费去中国旅游，实地体验感受中国文化。如木浦市港都小学 2012 年暑假期间组织学生赴北京旅游，费用主要由学生自己负担。也有的是由当地教育厅出资，选拔优秀的汉语学习者公费到中国旅游，如务安郡教育厅就有此类专项资金。这种模式极大地激励了学生学习汉语的积极性，对促进学生学习汉语起到了很大的作用，也得到了学生和家长的一致好评。

第二节　英国小学汉语教学情况分析[①]

最初，英国的汉语教学主要在中学进行，后来开始转至小学，这一转变为英国汉语教学的发展和壮大带来了新机遇。

一、英国中小学汉语教学

本小节以英国伦敦大学教育学院（IOE）孔子学院为例，介绍一下英国中小学汉语教学的发展情况。

2004 年春，由英国语言协会和英国中文学校共同举办的第一届英国中小学中文教学会议在剑桥举行，这次会议标志着英国中小学汉语教育进入了一个新的历史时期。此外，英国政界和商界领导者已经认识到，亚洲的崛起是 21 世纪的核心事实之一，凭借

---

① 本小节写作参照了（英）Fotini Diamantidaki、Katharine Caruthers、James Trapp：《英格兰小学中文教学：开发新式教学法，增进跨文化理解》，《世界汉语教学学会通讯》，2014 年第 5 期。

经济的增长和崛起，中国作为亚洲文化和政治的引领者，是这种转变中重要的组成部分。

2006年，英国专长学校联合会（SSAT）孔子学院成立，此后有7%~8%的英国公立中学（230所左右）开设了不同形式的汉语课程，其中40%的课程属于课外活动，31%的学校由受过培训的中文教师任课。

2006年7月，英国教育部与中国国家汉语国际推广领导小组办公室（汉办）在北京签署备忘录，目的是在英国中小学教育体系内开展汉语教学。与此同时，英国专长学校联合会也与汉办签署了成立中小学孔子学院的协议。2012年，IOE中小学孔子学院成立。

IOE孔子学院在英国共成立了37所孔子课堂，包括34所中学和3所小学，这些学校的汉语课程已成为大纲课程。孔子课堂网络最初包括五所孔子课堂学校（中心），这些学校汉语教学基础扎实。每一所中心学校与周边五所辐射学校合作，开设大纲规定的语言课程或汉语体验课，以鼓励这些学校聘请自己的汉语教师开设汉语课程。目前，IOE孔子学院共有孔子课堂37所，其中3所设在小学。英国中小学的汉语教学自此发展壮大。

二、英国小学的汉语教学

1. 汉语学习纲要

英国教育部《国家教育大纲》规定，从2014年9月起，所有第二关键期的学生（7~11岁）必须修读一门外语课，这为英国小学汉语项目的开展提供了可行性。在这一背景下，英国教育部《第二关键期外语指南》规定，第二关键期结束时，学生的外语应达到如下水平：

· 专心听他人的口语表达，且能够正确理解，并适时予以反馈

·通过歌曲与儿歌体会外语的结构与音律，并能将单词的拼写、发音和意义相联系

·表达自己的观点并回应他人观点；澄清意义、寻求帮助

·使用熟悉的词汇、短语和基本的句法结构进行成句表达

·向他人口头表达意见、提供信息

·具有一定的阅读能力，理解单词、短语和简单的书面表达

·欣赏外语故事、歌曲、诗歌、儿歌

·扩大词汇量，通过熟悉的书面材料（包括字典），提高理解生词的能力

·默写短语，利用短语造句以清楚地表达观点

·能使用书面和口头语描述人物、地点、物品和事件

·理解所学外语的基本语法、关键特征和结构并加以运用

当然，对于如何达到上述标准，英国教育部并没有设置具体要求，也没有对考核标准提出任何建议。但是上述指南为各外语教育机构自主创立外语学习项目（当然也包括汉语学习项目）、合理设定考核标准提供了自由空间。

与此同时，汉语正作为一门新的外语被引入英国的小学教育中，三至六年级的所有学生都将学习汉语。但挑战在于，作为一门新的外语语种的汉语在引入之后，可能在最初的四年形成参差不齐的发展情况，在六年级（小学阶段的最后一年）结束时出现水平高低不一的情况。为应对这一挑战，英国教育部门提出了一种新的学习纲要，使之能灵活地运用于各种学能水平和各个年级。这种新纲要以拓展“融合性外语学习”中的“文化自觉”元素为目标，以此来发展学生跨文化理解本族文化和中华文化的能力。

该语言纲要包含每年30课时的教学计划。纲要在英国第二关键期语言学习框架的基础上，着重于两个核心部分：口语和识字，并积极关注文化和跨文化理解的相关元素。下面举例说明第二关键期汉语学习纲要的总体结构和目标。该汉语纲要将语言技能分

解为听、读、写等技能以及文化与跨文化几个部分。纲要涵盖了14个单元，在一年之内开展超过30个小时的教学。以三年级（年龄在8~9岁）为例，学习的14个单元是：语言常识（中国简介、用中文说“你好”）、关于自己（自我介绍）、身体部位、数字和年龄、数字和量词、家庭、国家和颜色、宠物和动物、食品和饮料、时间—太阳、月亮和星星、时间和课程表、颜色、去不同的地方。

从以上话题可以看出：该汉语纲要涉及的话题与英国其他主流语言是一致的，与此同时，突出了中国文化的独特性。下面以第11单元“时间—太阳、月亮和星星”为例，说明各要素（如汉字教学与中国文化以及跨文化理解）之间的直接联系。

A. 热身：绕口令。教师询问班上同学是否知道一些英语绕口令或者分享一些准备好的绕口令，然后告诉学生汉语也有绕口令，并给学生示范一些汉语绕口令。例如：老师四十四岁，是不是？或者：妈妈赶马，马慢，妈妈骂马。

B. 导入：谈论日历的作用。运用学生已有的关于中国新年的知识，讨论公历和农历的不同。让学生知道“月”实际上源自“月亮”一词，然后追溯到中国古时习惯使用农历的时代。

C. 解释中国的节日。中国的节日基本上源于传统的农历，但是在日常生活中，中国和英国一样都使用公历。在汉语中表述日期的方式是用“日”和“月”。

D. 学习词语。介绍词语“昨天”“今天”“明天”在英语中的表达。

E. 复习数字1~31，然后介绍日期的表达方式。解释汉语中数字从大到小的常用叙述方式。

汉语学习纲要对于英国小学生建立本国文化与其他语言文化的联系具有持续的激励作用，孩子们可能会了解并努力实现跨文化理解，从而在世界范围内找到自己的定位。在汉语学习的过程中，英国小学生们也会了解到，汉语和中国文化是一体的。为了能够准确地表述日期，小学生需要掌握汉字“月”“日”和“星期”，这是中国语言文化具有独特性质的最佳例证。

2. 汉语课堂活动①

根据调研发现，课堂活动在英国的中小学汉语教学中占有很大的比重。教师在课堂中讲解知识的比重较小，大部分教学内容都依托课堂活动来推动和展开，且多是围绕着某一个具体教学主题（如数字、颜色、日期、服装、食物等）进行设计的，具体方式包括游戏、比赛、小组讨论互动等。另外，考虑到学习者的年龄特点和汉语水平，教师们设计的课堂活动从语言或认知层面来看虽然并不复杂，但具有交际性、实用性和挑战性。从效果来看，这些课堂活动都有效地调动了英国小学学习者的积极性，激发了他们对汉语的兴趣。

具体来说，英国中小学汉语课堂活动有以下一些令人关注的特点：

第一，教师的课堂活动设计能够体现现代外语教学理念，如“学习者为中心”“做中学用中学”“注重学习者多元智能发展”。例如，在一个小学汉语课堂上，教师在教完数字 1~10 并利用肢体动作带领学生充分朗读练习之后，利用聪明板组织了一个“抢拍游动数字”的游戏。该游戏利用教学软件设计而成，要求学生听教师口头指令后抢拍聪明板上无序运动着的数字。拍到正确数字之后，该数字即刻消失。游戏第一轮出现阿拉伯数字，第二轮出现汉字，第三轮出现简单的数字加减法。从活动内容上看，这几

① 此处参照了李娜、李彦春：《英国中小学汉语课堂活动调查》，《云南师范大学》，（对外汉语教学与研究版）。作者为了解英国中小学汉语教学情况，2015 年 1 月，与北京师范大学“海外中小学汉语教学研究”项目调研组赴英国曼彻斯特、伦敦等地区考察了中小学汉语教学情况，共观摩了 7 所学校的 9 节汉语课。教学对象包括 7~15 岁的小学生；班级规模在 10~30 人不等。在访问观摩期间，调研组还访谈了 10 余位汉语教师。

轮游戏的设计既较好地体现了由易到难的教学层级性，又兼顾了汉字形、音、义之间的关联，同时又训练了扩展性的数学智能训练。从活动形式上看，教师交替安排了个别抢拍和小组抢拍等形式，使得学习者既有竞争意识，也有合作机会。从教学环节上看，该游戏被安排在数字教学之后，这既有助于知识的巩固复习，又能调节课堂气氛，同时又适合低龄学习者的学习特点和认知水平。该活动属于语言识记类活动，活动将学习者空间智能、数学智能、身体运动智能的发展有机融入到了汉语数字的学习中，同时也有效调动了学习者的积极性。

第二，活动的本土化设计符合当地学生的学习习惯。汉语教师如能借助具有本土特色的通用型的活动形式和游戏规则，并对其进行合理改编，将其有机融入汉语教学中，就能设计出易于当地学习者吸收和理解的活动。学习者对此类活动会产生亲切感，也容易理解老师的安排和要求。常见课堂活动如 What’s missing（找出缺失的卡片或物品），Apple pass（击鼓传花），What time is it，Mr. Wolf（老狼、老狼几点了），Whisper game（传悄悄话）等都是英国中小学生非常熟悉的活动形式。汉语教师可借助这些活动形式来练习某一类主题词汇或某一个交际句型等。本土化活动的好处在于无须过多解释规则，因此易于组织和实施。

第三，教师的活动教学用具准备充分。卡片、任务单以及教学软件、聪明板、多媒体等现代化教学设备的合理运动可以有效地保证活动的运行和实施。例如，一位教师在教授数字及年代表达时，用一个大的活页本裁剪出可以翻动的4组数字卡片，让学生随意组合并读出表示年代的4位数字。有的教师在教授颜色、时间等主题词汇时，准备了京剧脸谱、国旗图片、空表盘等学具让学生进行涂色、绘画等活动。除了实物教具以外，多数教师还有效利用了多媒体教育资源，借助专门的教学软件，设计了各种游戏、歌曲、动画等教学与活动内容，极大地调动了学习者的积极性，也增加了学习的趣味性。

第四，活动的设计较好地体现了交际性、互动性原则。合理的教学活动要求学习者之间有合作也有竞争，英国小学汉语教学体现了“合作学习法”的教学理念。例如，一位教师在进行汉字教学时，安排学生两人一组合作讨论，给汉字“编故事”，以帮助自己在每30秒之内记住一个目标汉字。在学生对汉字有了初步的印象后，教师再讲解分析汉字的部件和意义，以加深学习者的理解和记忆。虽然学生们在讨论汉字故事时可能避免不了使用英语，但合作互助的学习过程也是建构主义的一种体现。另外一位老师在完成数字1~10的教学和练习后，又追加了一个调查活动，把学生分为若干个小组，借助学生的不同语言背景，让他们组内互相学习其他语言（如法语、德语、意大利语）是如何表达数字1~10的。这样的活动也非常有效地促进了学习者之间的交际互动，同时进一步开发了他们的语言智能和人际交往智能。

当然，小学汉语课堂活动也应避免以下一些情况：

第一，教师课堂用语过多依赖学生母语，课堂中的汉语输入量有待增加。英国小学汉语教师一般是大量借助英语进行教学与管理。当然，在学习者的母语国家教授外语，可以适当借助母语优势来辅助汉语教学和课堂管理，但从目的语输入的角度来看，过多使用母语必然会减少学习者接触目的语的机会。

第二，有些课堂活动过于注重娱乐性，可能造成学习者玩得开心但学得不足，从而影响学习效率。有些课堂活动内容虽然与教学目标有一定的相关性，但因脱离了教学主线让人觉得教师是为了活动而活动。因此，建议教师在设计教学活动用具时要仔细斟酌，使其最大限度地结合实际、服务教学，同时尽可能保证教学效率和时间成本。

第三，教师对课堂活动规则应提前做好充分考虑。特别是比赛类活动，要注意规则的规范性、合理性、公平性，以免引发不必要的课堂管理问题。

三、重视汉字教学

不少英国的小学汉语教师为了迁就习惯于拉丁字母的学生，简化语言习得、语言理解的过程，采用拼音作为词汇教学的工具。在词汇教学的过程中，拼音对汉字有压倒性优势，特别是在语音练习过程中，学生似乎过度依赖拼音。过度依赖拼音化不仅不准确，而且会使课堂教学更为复杂化。

英国学者认为，在小学汉语教学中应将拼音的首要地位降格为提示作用，而不是被学习者当成首要参考以及汉字与发音之间的联系原则，应当允许通过强调多听和再现而不是以记录的方式打好正确发音的坚实基础。

汉语教学应该关注汉字结构教学，理解汉字的结构是理解汉语全貌的重要途径。虽然汉字已经从远古的象形文字甲骨文演变成了一个复杂的书写系统，但是也有一些汉字沿用至今（如“王”“上”“下”）。其他一些汉字尽管随着时间推移变得越来越程式化和简单化，但仍保留了其象形起源，例如“马”“龟”等。一项有关汉字演变的课堂调查证明，鼓励年轻的学习者了解汉字的基本概念是帮助他们学习汉字的有效途径。以汉语为母语的中国人在不断使用汉语的过程中形成了汉语的整体性，而打破这种整体性，使之变成一块块“积木”，能够为汉语非母语的各个年龄段学习者，特别是英国小学生提供解析汉字的线索。同样重要的是，以这种方式进行汉字教学，有助于小学生在书面和口语两种形式上了解汉语的特质。英国学者对汉字教学的深刻见解也必将推动汉字教学在英国的发展。

我们从韩国和英国小学汉语教学的开展情况中，可以获得如下启示：

1. 在教材编写方面，应尽量开发有针对性的本土汉语教材。

2. 在教学形式和授课方式方面，可以采取灵活多样的形式，以适应本土化的需求。

3. 在教学方法和课堂活动方面，应采用符合儿童学习者、贴近他们生活的方法和活动，以最大程度地吸引学习者的兴趣。

4. 在文化教学和跨文化理解方面，可以开展丰富多彩的文化实践活动，拓展学生跨文化的视角。

5. 当然，其他国家，如日本、泰国等国的小学汉语教学也有诸多值得借鉴的地方，限于篇幅，本研究就不再做过多分析了。

第十一章　美国小学汉语师资培养问题的思考

目前，针对美国小学教育情境下的汉语师资培养需求，可以从汉语国际教育硕士和汉语志愿者教师两方面进行有针对性的研究。限于篇幅，本研究只针对拟进入美国小学职场工作的汉语国际教育硕士（以下简称“汉教硕士”）的培养进行分析。

第一节　加强汉语国际教育硕士美国小学胜任能力的培养

目前，国内在汉语国际教育硕士专业能力培养中，较为注重学生的汉语教学理论知识培养，例如在核心课程设置中普遍开设了“汉语作为第二语言教学”“第二语言习得”等课程，因此所培养出的汉语国际教育硕士大多具备较为扎实的汉语作为第二语言的专业知识。但是，这并不意味着这些汉教硕士毕业后在美国担任汉语教师时已经具备了胜任美国小学汉语教学工作的专业能力。当这些新手汉语教师面对美国小学汉语教学任务时，他们的汉语教学不再仅仅是一门单科外语教学了，他们必须从培养美国小学生汉语学习兴趣、促进学生全面成长等方面下功夫。

我们认为，从适应美国小学教育培养模式和满足美国小学生全面成长需求的角度考虑，汉教硕士能力培养应在加强全科型教学能力、改善标准化灌输模式及提高跨文化交际能力三方面，提高美国小学汉语教师胜任能力。

一、全科型教学迁移能力的培养需要关注

根据有美国小学工作经验的汉教硕士普遍反映，以班导师为核心的“包班制”全科教学模式是他们进入美国小学工作后所发现的与国内教学差异最显著的地方。美国小学包班制要求教师能掌握多学科知识，成为“全科型”教师。因此美国小学汉语教师不仅应具备扎实的汉语教学专业基础，还要了解其他学科的教学内容和教学目标，从而达到主动合理地完成综合性课程教学设计的目标。[①] 美国在培养早期儿童教师时，也十分注重通识教育与专业教育相结合[②]。

因此，虽然目前汉语课在美国小学课程设置中尚处于副课地位，汉语教师也不一定需要承担全科教学任务，但是汉语教师仍应从学生全面发展和配合学生学习习惯的角度考虑，将教学思路从中国式的“单一知识点教学”向美国的“复合知识网教学构建”的方向转变。为此，我们设计了美国小学汉语教师教学思路转变示意图，见图 11-1。

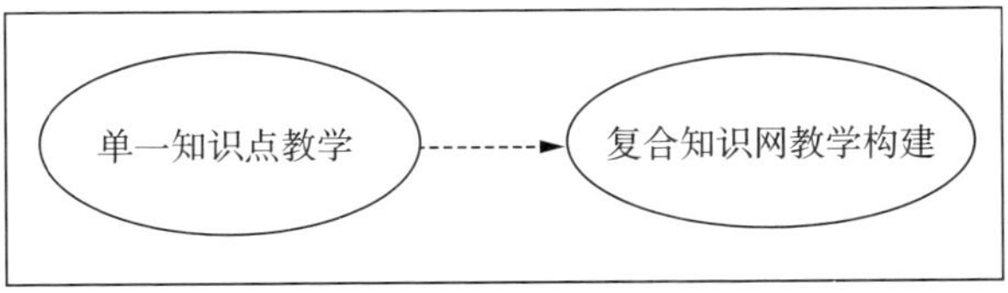

图 11-1　美国小学汉语教师教学思路转变示意图

本研究倡导的美国小学汉语的全科型教学是“有汉语教学特色的全科教学”。美国小学汉语教师在汉语全科型教学中应从知识的关联性和整体性考虑，主动加强与其他学科教学的联系。

---

① 许海燕、樊晖：《包班协同教学提高教学效率》，《教学月刊》，2003 年第 1 期。

② 刘德华、赵亚莉：《美国小学教师标准与小学教育专业的课程设计—以佐治亚州立大学早期儿童教育专业为例》，《教师教育研究》，2006 年第 5 期。

值得注意的是，汉语全科型教学中教学材料的选择至关重要，它将决定汉语全科型系列教学的广度和教学内容的深度，同时影响着学生对汉语学习的体验性。如果学生对所选材料不感兴趣，那么必然会影响与之相关的每项教学效果。

因此，在教材选取方面建议考虑综合日常生活、文化风俗、社会实践的教材，同时应注意辅助性教材的补充与及时更新。

二、标准化灌输思维模式有待调整

美国《21 世纪外语学习标准》把能力（语言沟通和文化体认）、知性（不同语言、不同文化、不同学科之间的认知和融会贯通能力）、实用（社会交际和人身成长）作为有机整体。因此，教师不仅要具备第二语言和文化的教学能力、对比能力，而且要具备培养学习者在语言学习中成长的教育能力。①

赴美工作的汉教硕士实习教师在美国小学环境下工作时不免存在中国式的答案标准化、教师一言堂的不良教学情况。具体表现为习惯用自己认为好的标准，来衡量学生的学习成果或课堂表现。同时总怕学生出错，习惯让学生以机械模仿和死记硬背的方式学习汉语。这些方式都有悖于美国小学教师所强调的“答案是丰富多彩的”“学生应通过自主学习获得知识”的教育理念。

在美国 OIIP 实习项目中，美国小学为汉教硕士实习教师安排了教学经验丰富的一线指导教师。通过两个多月的实习，这些资深的美国小学教师已经对汉教硕士实习教师的教学表现有所观察和了解。因此，小怡老师对 10 所小学的部分美方指导教师进行了访谈，其中有三份访谈记录能反映出汉教硕士实习教师所存在的相关问题。

---

① 张英：《AP 中文 5-C 目标与师资培训》，载程爱民、何文潮、牟岭主编：《对美汉语教学论集》，北京：外语教学与研究出版社，2007 年。

【访谈记录：汉教硕士的教学问题；访谈对象：O 小学美国指导教师】

小怡老师：您觉得汉教硕士实习教师在教学或辅导学生时，允许多样性答案存在吗？

指导老师 Cary：我觉得她不反对学生有不同的答案，但是在面对学生各种各样的回答时，她只是说“好”，并不给予较多的反馈信息。我认为这样会在教学中遗漏很多学生提出的好点子。

【访谈记录：汉教硕士的教学问题；访谈对象：G 小学美国指导教师】

小怡老师：您觉得汉教硕士实习教师在教学方面还存在哪些突出问题？

指导老师 Mary：哦，她工作很勤奋，但是她在辅导学生练习时总喜欢替学生做或者替学生修改，我认为这样会占用学生自己的练习机会。

小怡老师：您问过她为什么这么做吗？

指导老师 Mary：她的解释是，她觉得学生没有做好，她在帮助学生完善，以接近正确。

小怡老师：您觉得汉教硕士实习教师有必要让学生记住标准答案吗？

指导老师 Mary：哦不，我觉得只有参考答案，没有标准答案，学生的个人创造更重要，因为谁都不知道这个学生的答案会不会成为最佳答案。

【访谈记录：汉教硕士的教学问题；访谈对象：V 小学美国指导教师】

小怡老师：请问汉教硕士实习教师在讲课时有什么需要改进

的地方吗？

指导老师 Taylor：虽然我已经建议她很多次了，但是她好像还是习惯站在黑板前给学生讲课，另外她提出的问题过于简单不能引起讨论。总之，她的授课方式像博物馆讲解员，这样不利于学生积极主动思考，更没机会说出自己的独特想法。

从上述三则访谈记录中我们可以看出，这些在美国小学教师看来属于教学不当的行为，在中国的教育背景下都是教师课堂教学的常见方式。这种差异在于中国教师强调学习的标准化和统一化，美国教师则强调对权威答案的质疑和引导学生进行批判性思维。同时，中国教师认为教师是权威的代表，因此喜欢采用“讲授式”“经验传授式”教学，因此教学单位要培养汉教硕士通过不断探讨和质疑从而引导学生自主发现并接近真理的思维模式。

三、跨文化工作协同能力需引起重视

美国教育专家埃斯萨把儿童生活环境解释为一个由家庭、学校、社区这三个“同心圆”组成的成长环境。美国小学教师作为儿童教育工作的专业实施者，在这三者之间扮演了引导、沟通、协调以及促进互助合作的角色。

美国小学汉语教师在工作中需要面对四类合作对象，即“学生”“家长”“校内同事”和“校外辅助”。其中“学生”是教育需求对象和配合教学的主体；“家长”在美国家庭教育和学校教育中承担着重要责任，不仅需要完成家庭辅导任务，并且需要在学校完成校方指派的家长助理的义务工作；“校内同事”即合作教学工作、辅助教学管理的校内教职员工；“校外辅助”即能够从知识、物资、人员、环境等方面为配合教师教学工作而提供支持性帮助的校外资源。

汉语实习教师的“校内同事”按工作内容可分为“教学人员”和“管理人员”两类。负责学校教学工作的人员包括：负责主要

课程教学的“主课教师”，辅助主课教师完成教学及管理工作的“助理教师”，还有负责美术、音乐、体育教学的“副课教师”，以及为个别学生提供满足针对性学习需求的“专项辅导员”。负责学校管理工作的人员包括：全权管理学校教学及行政事务的“校长”、负责学生教务工作的“办公室主任”，以及负责学生情绪调节与心理健康指导的“心理辅导员”。另外，由于汉语实习教师在实习工作中有便利条件与当地“孔子学院”“孔子课堂”，以及当地旅美华人文化促进会等组织建立友好关系，因此应鼓励赴美汉语实习教师积极走出课堂，加强与华人组织有关的各团体间的联系，打通汉语教学资源的校外辅助渠道。

因此，汉教硕士的跨文化工作协同能力培养需要引起各方的重视。

第二节　建立汉语国际教育硕士联动式培养模式

目前，国内各高校的汉语国际教育硕士培养模式略显单一，虽然有部分高校根据自身条件创设了特色鲜明的培养模式，如中央民族大学的“2+1+X”培养模式及北京大学的“模块组合式”培养模式等，[①]但是从培养模式的主体内容来看，仍可大致分为“国内院校课程学习”和“国内外教育实习”两部分。近年来随着培养面向海外的国际汉语教师的呼声越来越高，海外实习需求的增加与海外实践机会不足的矛盾更加突出，从而导致汉语国际教育硕士的“人才培养”与“人才输出”出现断层，因此影响了汉语国际教育硕士培养的成效，更影响了汉语国际教育硕士培养的

① 刘颂浩：《汉语国际教育专业硕士培养中的若干问题》，《华文教学与研究》，2013年第4期。

针对性。然而，类似于美国 OIIP 项目的国际教育实习机构却能很好地发挥桥梁作用。

一、汉语国际教育硕士“四方共同培养”模式

美国 OIIP 项目的国际教育实习机构有效地将“国内高校培养”“美国大学实习”“美国小学资深教师指导”以及“美国小学校方培养”联系在一起，因此汉教硕士实习教师能够在“四方共同培养”下提升美国小学汉语教师胜任力。我们设计了美国小学汉语教师胜任力联动性培养模式图，见图 11-2。

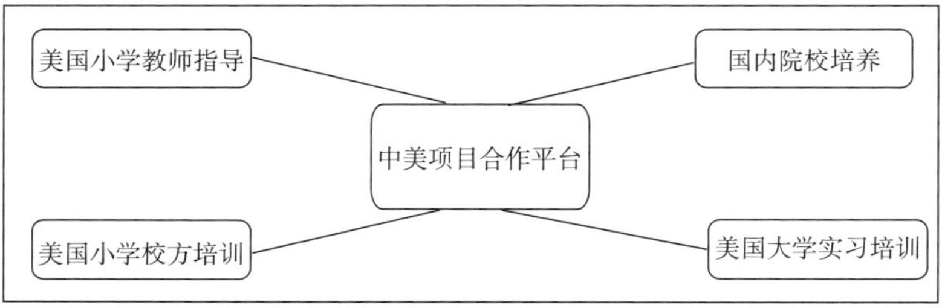

图 11-2　汉语国际教育硕士联动性培养模式图

图 11-2 表明，国内高校培养、美国大学实习、美国小学资深教师指导以及美国小学校方这四个培养方，可以构建类似美国 OIIP 项目的中美合作平台，四方相互独立又相互支撑，从而共同完善面向美国小学职场的汉语国际教育硕士的实习培养。

二、“四方共同培养”模式的实施办法

在四个培养方中，国内高校培养为汉教硕士实习教师打下系统综合的理论知识和方法技能基础；美国大学对汉教硕士实习教师的美国教学理念、美式教学方法和中美跨文化交际等方面进行专项辅导；美国小学资深教师则根据自己的教学经验并结合对汉教硕士实习教师的教学实践观察，对他们进行一对一的专门辅导；

美国小学校方则以美国小学全职教师的培养方式，对汉教硕士实习教师的教学工作和管理工作进行指导。另外，美国 OIIP 项目方在实习培养过程中还充当了以上四个培养方的组织者、沟通者、协调者的角色。因此这类项目能够帮助四个培养方及时沟通与协作，共同完善汉教硕士实习教师的国内外一体化联动性实习培养。这种中美联合培养方式，有助于汉语国际教育硕士形成国际视野，提高综合能力，突出专项优势，符合本土化的教学要求，从而增强其美国小学汉语教师胜任力和就业竞争力。

第三节　完善汉语国际教育硕士前瞻性课程设置

一、目前国内汉教硕士课程设置存在的问题

目前，国内高校对汉语国际教育硕士的培养主要有“课程培养”和“实习培养”两部分，其中课程培养是国内院校的重点工作。[①]国内高校专业化、系统化的课程培养，能为汉语国际教育硕士美国小学汉语教师胜任力的培养打下全面坚实的基础，因此国内高校的课程设置可以从根本上影响汉语国际教育硕士的素质能力培养。但是由于是新兴学科，因此本学科的理论研究仍然有所不足，课程设置问题还没有解决。[②]

从课程设置的整体情况来看，目前汉教硕士课程设置的视野相对狭窄，未能给不同需求的学生提供充分的选择机会，存在不

① 胡泊：《汉语国际教育专业硕士课程设置研究》，沈阳师范大学硕士学位论文，2012 年。

② 赵金铭：《课程体系与实习体系——汉语国际教育硕士专业学位的两个科学体系》，载《国际汉语教育人才培养论丛》（第二辑），北京：北京大学出版社，2011 年。

能适应学习者个体的发展需求等诸多问题。[①] 从课程设置的具体内容来看，目前课程设置没有突出面向海外汉语教学与面向国内汉语教学的专业硕士课程设置的区别性。[②]

本研究认为，汉语国际教育硕士培养的课程设置应突出面向海外汉语教学。不过，目前相当一部分的汉教硕士培养课程存在缺失。比如，目前国内在汉语国际教育硕士专业培养中较少有课堂行为管理的相关内容，致使大部分汉语国际教师在教学实践中存在理论和经验的双重缺失。目前国内在汉语国际教育硕士培养中，虽然强调了情感过滤对汉语教学与学习的影响，但是尚未涉及学生情绪管理方面的专门教学辅导。

我们认为，了解美国小学教师培养的基本要求和标准[③]，将有助于提高我们对赴美实习和工作的汉语国际教育硕士的针对性培养。根据美国新教师评定和支持专业委员会的要求，美国早期儿童教师的标准主要包括以下方面：

1. 学科知识。不同的学科对此有不同的要求。

2. 学生发展。为儿童提供社会交往及个性发展的机会。

3. 满足个体需要的教学方法。了解学生在学习方法上的个体差异，所采取的教学方法应该能够适用于各种不同学习方式的学生。

4. 多样化的教学策略。教师要了多样化的教学策略以促进学生批判性思维、解决实际问题能力的发展。

5. 学习动机和管理。教师要了解个体和群体的动机与行为，以创造良好的学习环境来鼓励学生积极的社会交往。

6. 交流与沟通。教师要运用有效的言语、动作等方面的知识，

---

① 田艳：《基于英国 MTESOL 课程体系对汉语国际教育硕士课程设置的思考》，《世界汉语教学》，2012 年第 2 期。

② 吴成年：《汉语国际教育专业硕士的课程设置研究》，《国际汉语教育人才培养论丛》（第二辑），北京：北京大学出版社，2011 年。

③ 刘德华、赵亚莉：《美国小学教师标准与小学教育专业的课程设计——以佐治亚州立大学早期儿童教育专业为例》，《教师教育研究》，2006 年第 5 期。

促进学生在课堂上积极探究、合作和相互交流。

7. 教学计划。教师要根据学科知识、学生情况、社区情况和课程目标合理安排教学。

8. 反思行为与专业发展。教师要成为一个积极反思的实践者，能够经常评价自己的选择和行为对他人（学生、家长和学习领域的其他的专业工作者）的影响，还能够积极地寻求专业发展的机会。

9. 学校和社区的参与。教师要与学校、学生家长以及周边的社区机构建立良好的关系，以支持学生的学习。

以上标准对我们制定汉教硕士培养课程方案具有积极的启示作用。我们可以适当参照这一标准以及美国小学特定的情境，对现行的汉语国际教育硕士专业课程设置进行分析与思考。

全国汉语国际教育硕士专业学位教育指导委员会 2009 年制定的《全日制汉语国际教育硕士专业学位研究生指导性培养方案》（以下简称《培养方案》）① 将汉语国际汉语教育硕士课程设置分为三个模块，即核心课程、拓展课程和训练课程。该《培养方案》制定的课程标准具体见表 11-1。

表 11-1 常规汉语国际教育硕士专业课程设置模式表

课程类别	汉语国际教育硕士专业课程
核心课程	汉语作为第二语言教学、第二语言习得、国外汉语课堂教学案例、中华文化与传播、跨文化交际
拓展课程	汉语语言要素教学、偏误分析、汉外语言对比、课程设计、现代语言教育技术、汉语教材与教学资源、中国思想史、国别与地域文化、中外文化交流专题、礼仪与国际关系、外语教育心理学、国外中小学教育专题、教学设计与管理、国际汉语推广专题
训练课程	教学调查与分析、课堂观察与实践、教学测试与评估、中华文化才艺与展示

① 本章有关汉语国际教育硕士专业的课程数据均依据该《培养方案》。

根据上表所反映的汉语国际教育硕士专业课程设置的情况，我们发现，目前国内院校培养中的课程设置和内容安排存在以下问题：

（1）目前国内院校核心课程中只开设了“国外汉语课堂教学案例”课，没有跨文化交际案例分析，且缺乏国别化和对象化。由于国内的国际汉语教师培养主要面向成人学习者，所以少儿汉语教学方法还未能引起足够重视。另外在海外教学案例分析课上，大多数案例来自海外孔子学院，与美国小学相关的汉语教学案例非常稀少，所以不能满足汉语国际教育硕士的学习需求。目前的跨文化分析课只是针对一般的海外情境而开设的，跨文化交际教学只有结合美国小学翔实、生动、及时的交际案例分析，才能较真实地反映包括美国小学的教学情境。

（2）拓展课程中的“课程设计”缺乏国别化和对象化。课程设计的内容和形式都深刻地体现着海外教育理念，比如美国小学有主题化、差异化课程设计需求。国内培养偏重于语言要素分科课程和成人化的课程设计，这并不能满足海外低龄学习者的需求。

美国汉语教师进入美国小学工作场景之后，所面临的第一项工作任务就是进行汉语课程安排。但是目前国内在汉语国际教育硕士培养中，虽然依照《汉语国际教育硕士专业课程设置大纲》要求开设了课程设计类课程，但是所教授的内容多针对成人汉语学习者和来华短期培训等，而针对如何融入海外小学进行汉语课程设计的培养少有涉及。

从实际情况来看，美国小学汉语教学情境与国内对外汉语教学情境差异迥然。新手汉语教师在美国小学汉语教学中需要独自面对缺乏汉语教学大纲参考、缺乏有经验的汉语教师指导、缺乏成熟的汉语课堂范例模仿、缺乏基本的汉语教学材料等客观困难。另外，由于汉语课属于辅助性的选修课，根据班级总体课程安排和班导师的教学要求，大多数学校的汉语课周教学频率为每周2次至3次，每次的教学时间大多在30分钟以内，这使得汉语教师无法开展规范系统的汉语教学，所以只能以培养学生汉语学习兴趣的启蒙教学为目标。美国小学情境下的这一系列实际困难，使得汉教硕士在“教什么”和“怎么教”的问题上颇费周折。

（3）“汉语教材与教学资源”课没有提到教具资源和综合性教学资源整合。教具在美国小学教学中起着关键作用，但是国内培养中对此十分忽视。目前，国内高校在汉语国际教育硕士教学技能训练中，虽然注重对教具运用能力的培养，但是大部分汉语国际教育硕士的教具使用是为了配合教学演示，缺乏以学生课上课下自主练习为目的的教具设计经验，而且在教具设计的质量和体验性方面都缺乏学习者使用的针对性。另外，国际汉语教师在海外教学情境中开展工作，必须具有整合综合性教学资源的能力，具备“社区观念”。目前国内外学界对汉语教学资源整合的相关研究成果较少，海外汉语教学资源整合的重要性没有得到重视。同时，在国内各高校对汉语国际教育硕士的培养中，对海外汉语教学资源整合能力培养方面的内容少有提及。

（4）“教学设计与管理”没有突出课堂管理的重要性。课堂管理在海外汉语教学实践中贯穿始终，它直接影响着教学正常开展情况和实际教学效果，同时课堂管理在低龄学习者的汉语教学中尤为重要。[①] 美国小学汉语课堂秩序管理的有效性直接关系着美国小学汉语教学的质量。2012年12月在国家汉办最新颁布的《国际汉语教师标准》中突出强调了“教学组织与课堂管理”的相关内容。不过国内高校在面向美国培养汉教硕士、汉语教师或汉语志

① 李满兰：《论对中小学生的对外汉语教学课堂管理》，《华商》，2008年第18期。

愿者时，有关课堂教学管理方面的能力培训十分薄弱。[①]

（5）“中华文化才艺与展示”只强调了展示却未提及如何教学。目前大多数高校为汉语国际教育硕士开设了中华才艺培训课程，这些才艺辅导课只注重了对汉语国际教育硕士本身才艺特长的培训，却忽视了对汉语国际教育硕士教授才艺课的能力训练，这导致了部分国际汉语教师只拥有中华才艺表演能力而没有相应的教学能力，更缺乏在美国小学具体情境教授中华才艺的能力。

（6）课程设置中未涉及“教师职业规划”“中外教师标准比较”“儿童心理学”“社区教育与资源”“职场工作交际”等培养内容，而这些内容对提高教师专业素养、课堂教学、教学管理、资源整合、职场交际等教师海外工作胜任力有着直接联系。

二、汉语国际教育硕士专业前瞻性课程设置的建议

国家汉办在 2007 年颁布了《国际汉语教师标准》，这一标准构建了国际汉语教师知识、能力和素质的基本框架，是国际汉语教师的培养、培训、能力评价和资格认证的科学依据。2012 年，国家汉办在原有标准的基础上，修订并颁布了新的《国际汉语教师标准》。[②]我们对 2012 年《国际汉语教师标准》的新内容进行了统计，见表 11-2。[③]

① 汉语国际教育硕士专业培养中较少设置海外课堂教学管理的相关内容。有专家指出“海外汉语课堂的教学管理存在不足，汉语国际教育硕士专业培养中应增加相关的培训内容。”见吴应辉：《汉语国际传播研究理论与方法》，北京：中央民族大学出版社，2013 年 。

② 以下简称《新标准》。

③ 以下简称《旧标准》。

表 11-2　2012 年版《国际汉语教师标准》内容

《新标准》的五个标准	《新标准》在《旧标准》基础上增加的内容
汉语教学基础	具有提高自身汉语水平的意识和能力、熟悉第二语言教学的一般原则，并具有将其与汉语教学实践相结合的意识和能力。
中华文化与跨文化交际	掌握相关中华才艺，并能运用于教学实践，能使用任教国语言或英语进行交际和教学
汉语教学方法	具备汉外语言对比的能力
教学组织与课堂管理	能根据学习者特点组织课外活动
职业道德与专业发展	遵守法律和职业道德规范

从表 11-2 的《新标准》可以发现，该标准突出了汉语教学方法、教学组织与课堂管理、中华文化与跨文化交际三项基本技能，更加注重学科基础、专业意识和职业修养，增强了实用性、操作性和有效性。①

我们认为，《新标准》所增加的内容恰好在一定程度上弥补了上文所指出的当前课程设置的存在问题。我们结合《新标准》的基本框架，为完善汉语国际教育硕士的美国小学汉语教师胜任力培养课程设置提出了以下建议（见表 11-3），这些建议同样适用于海外同类型的国际汉语教师胜任力培养课程设置。

表 11-3　汉教硕士美国小学胜任力培养的课程设置建议

开设前瞻性课程类型	开设前瞻性课程名称
开设教师发展类课程	美国小学汉语教师标准
	美国小学汉语教师职前培训
	美国小学汉语教师执照考试

① 邵滨、邵辉：《新旧〈国际汉语教师标准〉对比分析》，《云南师范大学学报》，2013 年第 11 期。

续表

开设前瞻性课程类型	开设前瞻性课程名称
完善教育教学类课程	美国小学汉语教育理念
	美国小学有效教学方法
	美国小学教学内容
	美国小学汉语课程设计
补充班级管理类课程	美国小学课堂管理经验
	美国小学师生交流经验
	美国小学班级建设经验
加强文化交际类课程	中美文化风俗差异
	中美职场交际差异
	中美交际能力要素
增设资源整合类课程	美国的学区与社区资源
	美国小学资源整合案例
	美国小学资源整合经验

本研究认为，课程设置的“前瞻性”体现在其内容设置均依据美国小学汉语教学的实际需要，同时真实地反映美国小学对汉语教师的客观要求，因此以表 11-3 为参照设计的美国小学汉语教师培养课程，将帮助汉语国际教育硕士在职前准备阶段更有预见性、针对性地提高美国小学情境下的汉语教师胜任力。

同时，前瞻性课程设置需要以联动性培养模式为前提条件，因为前瞻性课程设置的目的在于提高汉语国际教育硕士的美国小学汉语教师胜任力，所以课程培养内容将与美国小学汉语教学目的、教学对象、教学内容、教学环境密切相关。因此前瞻性课程设置需要赴美汉语国际教育硕士实习教师在“中方高校专业基础教育”“美方合作大学职前教师培训”“美方实习班级教师辅导”和“美方实习小学校方指导”的四方联合培养的模式中提升教师胜任力。以下为我们针对前瞻性课程内容的具体建议。

（1）开设教师发展类课程

a. 美国小学汉语教师标准课程

中方高校应开设介绍美国小学汉语教师标准的专题课程，并分析美国小学汉语教师标准所反映的相关教学理念、教学目标、教学方法、教师行为规范等，从而帮助汉语国际教育硕士明确提高专业能力素养的重点。

b. 美国小学教师职前培训课程

美方合作大学应开设与教育实习同步的职前教师培训课程，向汉语国际教育硕士实习教师介绍当地教育系统构成，开展教学观摩训练，探讨真实教学案例，监督教学实习。

c. 美国小学教师执照考试课程

美方合作大学应开设美国小学教师执照考试的辅导课程，为汉语国际教育硕士实习教师提供教育学理论、心理学理论、中小学教学法、特殊教育政策指导等课程的辅导，同时可以请美国实习合作小学的教师负责部分课程的讲授。①

（2）完善教育教学类课程

a. 美国小学教育主流教育理念课程

中方高校应开设美国小学教育理念的相关课程，为汉语国际教育硕士打下较为系统全面的理论基础，同时可以从美方合作学校收集真实教学案例让汉教硕士结合所学理论进行分析，从而帮助汉教硕士了解中美基础教育理论差异。

b. 美国小学教育优良教学方法课程

美方实习班级辅导教师应负责辅导汉语国际教育硕士实习教师掌握美国小学教学中重要的教学方法，并指导汉语实习教师在汉语教学实践中的灵活运用。

---

① 秦志宁：《培养美国汉语教师途径的特殊性与挑战》，《汉语国际教育人才培养现状与对策》，2012 年第 2 期。

c. 美国小学教学内容课程

中方高校应联合美方实习小学对美国小学常见的汉语教学内容进行调查和分析，从而总结美国小学生的汉语学习需求，为中方高校完善相关课程的教学设计和教学训练提供依据。

d. 美国小学汉语课程设计课程

美方实习小学辅导教师应加强与汉语实习教师关于汉语课如何融入学期教学工作目标的探讨，并结合全科教学理念，整合学科关联性教学需求，指导汉语实习教师完成学期汉语课程设计。

（3）补充班级管理类课程

a. 美国小学课堂管理经验课程

中方高校应开设美国小学课堂管理方法研究课程，同时从美方收集课堂管理的相关视频、案例材料等，并引导学生在中美课堂管理差异对比分析中，把握美国小学课堂管理的特点。

b. 美国小学师生交流经验课程

中美两方在联合培养中应为汉语国际教育硕士提供更多机会与美国小学一线教师进行面对面的教学管理经验交流。中方高校不仅应当鼓励汉教硕士“走出去”，而且应积极地将美国一线教师“请进来”，在国内举办相关的短期培训等。

c. 美国小学班级建设经验课程

美方实习班级辅导教师应加强对汉语实习教师有关美国小学班级文化建设理念的宣传与指导，并结合具体的班级组织建设实例对汉语实习教师进行培养。同时中方高校也应关注对汉语国际教育硕士班级组织管理能力的培养。

（4）强化文化交际类课程

a. 中美文化风俗差异课程

美方合作大学和中方高校应联合开设中美文化风俗比较相关课程，在分析具体真实的文化现象时要突出对中西方文化价值观和社会人文精神的比较，从而帮助汉语国际教育硕士更好地理解美国社会文化现象，更顺利地融入当地生活。

b. 中美职场交际差异课程

美方实习小学应帮助汉语实习教师深入了解美国小学的职场环境，对汉语实习教师进行职场交际的帮助和指导，从而促进汉语实习教师职场交际顺利开展。

c. 中美交际能力要素课程

美方合作大学应开设在美跨文化交际辅导课程，将跨文化交际理论与汉语实习教师跨文化交际实践结合起来进行分析和引导，从而提升汉语实习教师的文化适应能力和跨文化交际能力。

（5）增设资源整合类课程

a. 美国的学区与社区资源课程

美方合作大学与中方高校应联合开设介绍美国学区与社区资源概况的课程，并重点分析学区与社区资源在美国小学教学中发挥的作用，使汉语国际教育硕士树立社会化的教学资源利用观念。

b. 美国小学资源整合案例课程

美方合作大学应开设关于美国小学资源整合案例分析课程，通过资源整合案例的分析讨论，使汉语实习教师对美国小学资源整合有更全面的认识和把握，同时可通过练习设计资源整合方案，训练汉语实习教师的资源整合能力。

c. 美国小学资源整合经验课程

美方实习班级辅导教师应引导汉语实习教师参与教学资源收集、整合方案设计等活动，并通过指导汉语实习教师完成汉语课程资源整合方案等实践活动，对汉语实习教师进行资源整合利用的经验指导。

第十二章　对美国小学汉语教学的整合性思考

美国小学阶段的汉语教学在经历了一段时间的探索后，正逐渐向发展期迈进。在这一阶段，对美国小学汉语教学进行整合性思考就显得十分有意义。本章从美国小学汉语教学的总体原则、本土化尝试以及师资培养这三个部分进行总体思考。

第一节　美国小学汉语教学的总体原则

1996 年，美国外语教师理事会在《外语学习标准：为 21 世纪作准备》的基础上，公布了《K—12 外语教学指导大纲》，并在 1999 年公布了包括汉语在内的 9 种外语的学习目标，有关汉语的学习目标称为《全美中小学中文学习目标》（以下简称《目标》）[①]。《目标》注重语言沟通的实用性，也强调语言学习的重要性。作为全美基础阶段中文学习的指导性文件，《目标》为全美中小学汉语教学提供了方向。在这一大背景下，结合美国小学汉语学习者的特点，我们认为美国小学汉语教学的总体原则应该

---

① 具体内容包括：1. 运用汉语进行沟通；2. 体认中国多元文化；3. 贯连其他学科；4. 比较语言文化的特性；5. 广泛实际地运用汉语。以美国国家外语学习目标为根据，依照中国语言文化的特性，以启发美国小学生对中国语言文化的爱好和了解，教学目的是使学生能实际运用所学的汉语，得体地在符合其年龄特点的情况下，在适当的场合表达出对中国文化习俗的理解和认知。参见廖山漫：《国际汉语教学原则要体现汉语语言的特殊性—全美中小学外语教学指导大纲与汉语教学实践的关系》，《外国中小学教育》，2011 年第 5 期。

包括：

一、引发学习者学习汉语的兴趣

从所属阶段来说，小学阶段的汉语教学属于入门阶段和基础阶段。在这一时期，引发学习者的学习兴趣极为关键。因此，小学阶段汉语教学的目的首先应该是让学生在一定程度上接触并适应对他们来说比较陌生的汉语和中华文化，引发学生在未来进一步接触、学习汉语的兴趣。至于未来，学习者是否会进一步持续地学习汉语，还需要很多因素和条件，这并不是小学阶段的汉语教学能解决的。但是，事实证明，少儿时期对一门语言产生兴趣的学习者，在成年之后也极有可能会继续学习，甚至将来从事与该外语密切相关的职业。无论汉语将来是否能正式纳入美国基础教育的体系中，引发学生兴趣都将是小学阶段汉语教学长期的发展目标和指导原则。

在兴趣的吸引下，学习者会探究这门语言，并乐在其中，让汉语教学成为他们的一个兴奋点。因此，这一阶段的汉语教学不宜脱离实际，过于追求难度，应积极注重兴趣的培养和生成，开展丰富多彩的教学活动（见第六章、第十一章）。

二、符合美国小学汉语学习者的生理和心理特征

小学阶段的学习者处于特殊的心理和生理发展阶段，我们不能低估他们的思维能力，但也决不能高估他们的思维能力，因此这一阶段的汉语教学要符合美国小学汉语学习者的生理和心理特征。语言学习具有一定的枯燥性和抽象性，如果这一时期的汉语教学忽视了他们的身心发育特征，就会使学生产生逆反和厌烦情绪。

在学习目的方面，很多小学汉语学习者缺乏明确的动机和认知，人生重要事情的选择权也往往在家长那里。在思维方式方面，

儿童对于抽象的事物缺乏理解力，思维活跃、善变。在注意力方面，小学阶段的学习者注意力无法长时间集中，无意注意大大优于有意注意，并倾向于通过感情来理解和接受事物的认知特点。基于此，面向美国小学学习者的汉语教学在教学内容、教学方法等方面都应针对小学生的年龄阶段和心理基础进行调整和选择。在教学方法方面，教师应多采用游戏、儿歌等方式，寓汉语教学于多样性的活动之中，发挥学生无意注意的优势；在教学内容方面，选择具象、生活的语言材料；在教学环境方面，在视觉和听觉乃至文化方面，营造生动、温馨、有利于教学的课堂小环境，以与学习者的身心特点相吻合。

三、体现汉语教学的特殊性

汉语的特点决定了汉语教学不同于其他语言的教学，这其中最大的一个特殊性就在于文字的不同。我们认为，汉语教学中应有汉字教学的一席之地。

汉字教学可以分为两个方面：1. 掌握汉字技能，包括汉字的形、音、义，这可以使汉语教学获得持续的发展动力；2. 注重深厚文化底蕴的讲解。由于美国小学汉语学习者学习动机多样，对于那些学习时间相对较短、学习动机不太稳定、学习目标不甚明确的学习群体，汉字教学具有很好的辅助作用，并能体现出汉字教学的特点。

1. 汉字可以对美国小学学习者形成多维冲击。汉字笔画棱角分明，结构独具特色，韵律富有节奏，这些都与英文形成差异，因此能在视觉、听觉、思维等方面给学习者带来一定的冲击和新鲜的体验，有利于学生开阔眼界，活跃思维。

2. 汉字教学可以为美国小学学习者带来学习乐趣，无论是象形字还是会意字，指事字还是形声字，每个汉字都携带着远古神秘的气息，充满了独特的旨趣，可以激发学习者探索的欲望。汉字具有视觉化、直观性特点，汉字练习的方法也多种多样，如词语接龙、字词排序、看图写字、生字开花（词语扩展）、韵语唱读、部件拼字等，这些活动可以给沉闷的汉语课堂教学注入新鲜的活力，使汉语教学更加形象、生动、有趣。

3. 汉字教学可以为美国小学学习者增添文化底蕴。作为独特的文字体系、文化载体以及非物质文化遗存，汉字保留着丰富的人类信息和文化蕴涵，不时地向今人传递出远古时代的文化气息。探寻这些文字所遗留的线索，可以解读出中国古人生活的方方面面[①]，因此可以极大地扩展美国小学汉语学习者的见识和视野，增强其文化历史的厚重感。

因此，教师可以引导学生把每一个汉字都看成是富有生命的个体而不是孤立的符号，把汉字系统看成一种生命系统而不是分散的音节。[②]

四、注重语言教学的交际性和实用性功能

交际性功能是语言最重要的社会功能，语言学习的最终目的就是交流。进入 21 世纪，各国语言学界都更加关注学习者语言交际能力的运用，积极帮助学习者运用语言表达自己的意见和观点，交流一定的想法和建议。因此美国小学汉语教学在语言知识和语言要素教学的基础上，应该十分关注学习者语言交际能力的培养，鼓励学生参与到课堂中，锻炼学习者把所学语言知识转化为语言运用（见第十章），营造真正的以学生为中心的语言交际环境。

此外，受制于海外特殊的汉语教学环境，实用性功能也是美国小学汉语教学需要考虑的一个重要方面。美国小学生汉语课时安排有限，因此课文内容的选取、词语句型的难度、练习的方式

---

① 田艳：《人类学视野下的汉字文化》，《青海师范大学学报》，2006 年第 5 期。

② 田艳：《国际汉语传播背景下泰国汉字教学研究》，北京：中央民族大学出版社，2015 年。

和数量都要适中，从而体现汉语教学的可行性和实用性。

五、提升学习者对中华文化的体认能力

中国文化对美国小学生来说，无疑是陌生的，他们对此所知十分有限。因此，美国小学对中国文化知识的了解十分必要，使其获得汉语所承载的文化的认知和理解。除非他们较好地理解了汉语所包含的文化内容，否则不可能真正掌握好汉语。超越汉语的语言符号，去领悟背后的文化内涵和人际交往特点，对处于儿童时期的美国小学生大有裨益（见第五章第三节、第十章）。

少儿阶段，由于学习者头脑开放，思维未受到禁锢，因此学习者的汉语能力、思维能力、中美文化兼容的气质都容易得到很好的培养。此时教授与中国文化相贯连的价值观念，可以使学习者对中国产生亲近感，从而在成人后更容易理解中国人的思维方式。因此，可以在文化意识的培养、知识文化的学习以及交际文化的训练几个方面提升学习者对中华文化的综合体认能力。

由此可见，趣味性、知识性、实用性的结合是美国小学汉语教学的重要指导原则。

第二节　美国小学汉语教学本土化方面的尝试

成功的语言课程首先应该是适应所在教学环境的要求，也就是与美国本土小学教学相结合，进行本土化的尝试。

尽管美国小学汉语教学的模式种类繁多，发展尚好，但由于各种原因，汉语课程学时有限，缺乏统一的大纲，教学随意性较大，汉语项目仍处于不十分稳定的状态中，因此目前尚未纳入美国小学的学分系统。在这一阶段，美国小学汉语教学本土化的尝试十分有必要，这种本土化的尝试尤其适用于汉语作为选修课或短期汉语教学项目的小学。美国小学汉语教学的本土化尝试可以从以下几个方面来入手：1）课程设置的本土化尝试；2）教学方法的本土化尝试；3）课堂教学管理的本土化尝试。

一、课程设置的本土化尝试

课程设置的本土化尝试就是在符合汉语教学规律的情况下，适当结合本土特色设置课程，使汉语课程与其他学科的课程相连接、相配合。外语教学与学科知识相关连是全美外语学习的一个重要目标和学习标准：学生通过外语的学习，强化并进一步扩展其他学科的知识，从而获得唯有学习外语才能获得的观点和认识。

这不仅是美国小学汉语教学需要考虑的问题，可能也是很多国家汉语教学课程设置需要考虑的问题和未来语言学习的一个趋势。有学者就建议，爱尔兰的汉语课程设置也应考虑植入主流教育框架中。① 本研究在第四章，已经从美国小学主题化教学和差异化教学两个角度对课程设置的本土化尝试进行了阐述，此处再就主题化教学进行进一步的总结提升。

美国小学课程设置的本土化尝试有如下几个好处：

首先，汉语课安排在相贯通的学科课程之后，不仅会使其他学科知识为学生使用汉语提供有意义的环境，而且因为学生对汉语教师所教授的内容在近期有过具体经历，符合“可理解性输入”的需要而更容易被学生所掌握。② 这样，可以保证学生在两种科目的学习中因有相同内容而持有兴趣，少儿学习者也会因此而更加肯定自己的学习能力，减少汉语学习的难度。

其次，汉语课程的本土化尝试使汉语课与其他学科知识相联

---

① 罗青松：《从爱尔兰中学外语教学现状看汉语课程大纲的本土化问题》，《世界汉语教学学会通讯》，2012 年第 3 期。

② 刘慧、尹衍杰：《美国公立小学非沉浸式汉语课程与学科知识相贯连的研究—以纽约州杰尼瓦学区为例》，《青岛职业技术学院学报》，2017 年第 1 期。

系，因此可以获得学校、家长及其他学科的支持，使多方都能感受到汉语教学的价值，汉语课程也有可能在学校课程安排中获得相对稳定的一席之地，得到持续的发展，从而为汉语教学顺利进入美国基础教育外语教育体系获得更多的空间。因此，课程设置的本土化尝试可以使汉语教学在支持力方面获得提升，具有较好的必要性和可行性。

当然，这种本土化尝试要适度，否则就会破坏汉语教学的规律。如果生硬地将其他学科教师的教学方式、教学内容照搬到汉语课堂上，容易忽视汉语本身的教学和文化的融入，使汉语课成了学科课程的机械重复，从而失去学科存在的意义和特色，那样就顾此失彼、得不偿失了。

二、教学方法的本土化尝试

美国小学在教学方法方面具有如下特征：

首先，美国小学课堂活动注重合作。美国小学非常注重师生、生生之间的互动合作，学生通过团队合作在完成任务的同时获取各类学科知识。其次，教师通常把学生需要掌握的技能融入各项具体任务活动中。在美国 K-5 的课堂教学中，活动导向的课堂教学方法十分盛行。所谓活动导向，就是在教学中运用多种课堂活动来进行语言教学。此外，美国小学的教学方法丰富多元。多元教学方法的运用一方面可以提高学习者的学习兴趣，维持学习者的注意力，适应学习者的心理特征，另一方面可以创设丰富的语言环境，促进语言作为交流工具被主动有意识地使用（见第六章）。

因此，美国小学汉语教师必须根据美国小学课堂互动合作、任务驱动、方法多元的特点设计课堂活动、组织教学。教学方法的本土化尝试，可使汉语教学更易获得学习者的配合和支持，同时教学活动的互鉴也减少了汉语教师教学准备的工作量。

三、教学管理的本土化尝试

在传统的教学观中，研究者往往把课堂管理作为一种价值中立、文化无涉的技术活动，强调各种文化背景中课堂管理的共性，而忽视了课堂管理的情境性与多样性以及课堂管理的文化性格。[①] 其实，文化在课堂管理中发挥着潜移默化的作用，通过影响师生的角色期望、信念态度等潜在地作用于课堂管理。

美国小学特别注重学生的个性发展，其课堂管理方式也具有本土特色（见第八章）。在美国授课的中国汉语教师如果不熟悉这些方法，可能会因此遇到很多麻烦，比如难以得到学生的普遍认可和理解等。因此，在美国文化的教育理念下，想要成为一个优秀的教师，还必须具备适应本土化特色的教学管理方法。

我们认为，汉语教师在教学管理方面要进行本土化的尝试，在学生制度管理、学生行为管理和学生情绪管理几个方面借鉴美国主流教学的课堂管理方式，从而实现本土化尝试。

第三节 美国小学汉语师资培养的可持续发展

师资数量匮乏以及高水平专业教师的奇缺是制约美国汉语教育发展的重要因素之一。小学阶段的学习者几乎基本不具备系统的自学能力，对于他们来说，教师不仅是最主要的知识传授者，还几乎是唯一的高质量的汉语输入来源。因此，如果汉语教师不能适应美国小学的特定情境，教学质量会大为降低，学习者对汉语的学习兴趣也会大为下降。此外，由于美国小学汉语教学有本

① 谢韦韦：《中美中小学课堂管理的差异及其文化探源》，西南大学硕士学位论文，2009 年。

土化方面的要求，因此汉语教师也会遇到更多挑战，比如教学能力、知识储备等方面的挑战，因此师资问题就显得尤为迫切。

一、美国小学汉语教师的素质要求

1. 要具有较为全备的知识结构

“在美国当老师，并不是拥有一张专业文凭就可以胜任的，教师还应具备相应的人文素质、教学能力和学科知识结构，这些都是衡量一个教师是否符合要求的标准。目前希望从事汉语教育的大多是以母语为汉语的华裔，对于这些人来说，仅仅完成学校设置的课程并不困难，关键是如何成为具有综合素质、适应美国教育方式的合格教师。”

本研究在第三章第三节和第十一章第一节分别谈到了美国小学汉语教师需要具备全科知识结构，以适应美国小学包班制的特殊要求。从海外，特别是从中国派到美国小学的汉语教师，尤其要关注这方面能力的培养。

2. 要适应美国本土化教学的要求

1）了解美国基础教育的课程标准和大纲

为使汉语教学与学生的学科课程有效结合，汉语教师必须对美国基础教育的课程设置、课程标准深入了解，从而选择适合与汉语教学相贯连的课程和知识点。比如 2011 年纽约州颁布了《纽约州 P-12 英语语言艺术和读写听说通用核心标准》，这一标准对美国从学前到 12 年级基础教育阶段学生在英语语言艺术水平方面的听说读写能力所应该达到的标准进行了详尽说明。其中很多学科知识都适合与汉语课程贯连在一起，例如家庭、社区、社会模式、国家、地理等课程，都有与汉语课程进行贯连教学的潜力。[①]

① 刘慧、尹衍杰：《美国公立小学非沉浸式汉语课程与学科知识相贯连的研究—以纽约州杰尼瓦学区为例》，《青岛职业技术学院学报》，2017 年第 1 期。

2）掌握所在学校所教年级的课程进展和教学内容

除了要了解美国基础教育的课程标准和大纲，美国小学汉语教师还要掌握所在学校所教年级与汉语课程相贯连的学科课程的进展情况和教学内容。由于美国汉语教学课时量的有限，汉语课无法与适合贯连的每门学科课程的所有内容进行结合，因此汉语教师应主动与校方和相关教师进行交流，选取可贯连的学科和学科课程中能与汉语课程相结合的最佳部分。

3）了解所在学校的教学方法和课堂管理方法

文化“为研究者探究塑造和支配课堂中师生行为的潜在的不可见的力量提供了一种理论工具”，只有把教学置于文化的语境中，从整体上加以分析和理解，才能更好地理解教学本身，汉语教学方法和课堂管理方法亦然。中国小学的教学方法和课堂管理方法与美国小学迥异（见第六章、第八章），因此美国小学汉语教师应该了解美国所在学校的教学方法和教学管理方法。

在教学方法方面，美国小学汉语教师要积极运用韵律教学法、体演教学法、情境教学法等教学方法，以顺应美国小学的整体教学环境和学习者的学习习惯；在课堂管理方法方面，美国小学汉语教师应从美国小学生的个性、心理以及传统方面来理解和把握本土的，特别是所在学校的教学方法和教学管理方法。

二、美国小学汉语教师的师资培养

在第十一章中，我们就面向美国小学情境的汉语国际教育硕士的培养问题进行了思考，重点探讨了汉教硕士美国小学汉语教师胜任力的培养、汉教硕士联动培养模式的建立以及汉教硕士前瞻性课程设置的完善等方面，尤其提出了汉教硕士的“四方共同培养”模式，这些观点主要是针对汉语国际教育硕士的培养来提出的。

就更广的范围来说，可以考虑国内汉语师资机构与美国汉语师资机构联合培养的方式。目前全美教师教育认证理事会（NCATE）承认的汉语师资培训学校有这样几所，即：纽约大学（New York University）、俄亥俄州立大学（Ohio State University）及马萨诸塞州大学阿默斯特校区（University of Massachusetts at Amherst）①。国内语言学教学机构应与这些美国的汉语师资培训机构加强合作，定期举办师资培训班，以满足美国小学汉语教学人才培养的需求。

要从根本上改善美国小学汉语教学的师资问题，就必须逐步建立完备的汉语教师培养机制和认证机制，从而培养出大批既精通中国文化又了解美国学生特点的本土汉语教师，唯有这样，才能从根本上解决美国小学汉语教学所面临的师资匮乏的问题。

美国小学生无疑是一个特殊而重要的汉语学习群体，他们是联通国与国、文化与文化之间的纽带和桥梁，是建立中美友好关系的潜在力量，因此应该予以高度重视。本研究旨在探讨美国小学汉语教学的特色，开启一个充满挑战的领域。期待本书能在一定程度上实现这一目标，并惠及海外少儿汉语教学的发展。如果是这样，我们也会感受到这么长的一段时间付出这么大精力去探究这个问题的价值所在了。

本研究不足及后续研究

1. 深入课堂进行实验研究

由于实地课堂实验研究在课时与许可度方面存在一定的客观局限，因此本书未对美国小学汉语课堂进行实验研究。希望今后有机会再次深入美国小学的汉语课堂进行相关研究，获取更为丰富的一手教学实验研究数据。

① 张静静、牛端：《美国中小学中文教学的现状、问题及发展趋势》，《外国中小学教育》，2012 年 2 期。

2. 扩大研究地域

本书所研究的美国小学具有一定的区域性，主要限于美国西海岸俄勒冈州尤金地区的两大学区，因此本书的研究存在一定的空间局限性。

3. 扩大中文教学类型研究

近些年美国沉浸式汉语教学发展迅猛，引人关注。限于篇幅，本书未对这一类型的汉语教学进行研究。因此，尽管本研究所探讨的内容能在较大程度上反映美国小学汉语教学的情况，但是仍不足以勾勒出美国小学汉语教学的全貌，因而有待今后在后续研究中予以关注。此外，从学校类型来看，本文所研究的美国小学主要指主流学校中的小学汉语教学，至于中文学校、华人学校等类型的小学汉语教学则较少涉及，后续研究也可以在这方面有所深入。

4. 建立多元课程评价体系

教学的成功与否很大程度上取决于其评价体系的完善与否。1996 年发布的美国《21 世纪外语学习标准》中并没有对外语课程和汉语课程的评估提出具体的要求，类似的研究也十分缺乏。目前，由于美国小学汉语教学尚处于发展阶段，有关课程测试和评估方面的研究尚未全面展开。因此在宏观层面，今后的美国小学汉语可以建立科学、广泛的考试体系；在课堂教学层面，可以从以往单一的评价方式逐渐向多样化的评价方式转化，更加重视学生在学习过程中的语言表现力。

参考文献

一、中文参考文献

（一）学术专著及论文集

1.（美）查尔斯、森特著，吕良环等译：《小学课堂管理》，北京：中国轻工业出版社，2003 年。

2. 程爱民、何文潮、牟岭主编：《对美汉语教学论集》，北京：外语教学与研究出版社，2007 年。

3.（美）戴维著，李彦译：《课堂管理技巧》，上海：华东师范大学出版社，2002 年。

4.（美）海伦娜·柯顿、卡罗尔·安·达尔伯格著，唐睿、聂骅等译：《语言与儿童——美国中小学外语课堂教学指南》，北京：外语教学与研究出版社，2011 年。

5. 李泉：《对外汉语教学理论思考》，北京：教育科学出版社，2005 年。

6. 李宇明：《儿童语言习得与发展》，武汉：华东师范大学出版社，1995 年。

7. 刘珣：《对外汉语教育学引论》，北京：北京语言大学出版社，2000 年。

8. 史静寰：《当代美国教育》，北京：社会科学文献出版社，2001 年。

9.（美）索德曼、李筠、贾浦江：《主题式教学：中小学汉语课堂教学设计》，北京：外语教学与研究出版社，2016 年。

10. 田艳：《国际汉语课堂教学研究——课堂组织与设计》，北京：中央民族大学出版社，2010 年。

11. 吴应辉：《汉语国际传播研究理论与方法》，北京：中央民族大学出版社，2013 年。

12. 杨慧敏：《美国基础教育》，广州：广东教育出版社，2004 年。

13. 张和生：《对外汉语教师素质与教师培训》，北京：商务印书馆，2006 年。

14. 赵金铭：《对外汉语教学概论》，北京：商务印书馆，2004 年。

15. 朱勇：《国际汉语教学案例与分析》，北京：高等教育出版社，2013 年。

（二）学术论文

1. （美）陈东东：《美国的中文教学：从小语种发展到关键语言》，《汉语国际传播研究》，2011 年第 3 期。

2. 陈作宏、田艳：《探索以任务为中心的体验式对外汉语课堂教学模式》，《民族教育研究》，2008 年第 4 期。

3. 常乐：《移动学习环境下对汉字 APP 教学资源的分析与思考——基于美国小学的教学实践》，中央民族大学硕士学位论文，2015 年。

4. 曹红霞：《美国中小学课堂合作学习的组织与实施探析》，东北师范大学硕士学位论文，2010 年。

5. 程华：《美国反思型外语教师培养模式及启示》，西南大学硕士学位论文，2006 年。

6. 程晋宽：《影响当代美国教育发展进程的 10 项著名教育研究》，《外国中小学教育》，2006 年第 3 期。

7. 崔明芬：《21 世纪汉语教学在美国》，《中国大学教学》，2002 年第 6 期。

8. （美）戴维德著，缪胤译：《智慧的课程——利用多元智能发掘学生的全部潜力》，北京：教育科学出版社，2003 年。

9. 邓小宁、侯杜：《入门阶段全汉字输入教学模式实验研究——以美国加州班宁市中心小学汉语教学实验为例》，《汉语国际教育》，2014 年第 2 期。

10. 董晓波：《谈美国中小学外语改革对我国外语教育的启示》，《基础教育外语教学研究》，2005 年第 4 期。

11. 都娟：《美国中小学汉语课堂用语研究》，华东师范大学硕士学位论文，2010 年。

12. 范博：《对美国小学汉语教学的思考——以美国俄勒冈州尤金市 M 学校为例》，中央民族大学硕士学位论文，2013 年。

13. 盖静：《美国多元智能学校的课堂教学环境设计探析》，西南大学硕士学位论文，2009 年。

14. 桂明超：《美国汉语研究与教学综述（1993—2003）》，《国外汉语教学研究》，2005 年第 2 期。

15. 桂勇：《华德福儿童个性发展的教育》，《外国中小学教育》，2011 年第 2 期。

16. 何敏、谭诚：《感受美国基础教育》，《湖南教育》，2012 年第 7 期。

17. 贺怡然：《MTCSOL 硕士在美国小学情境下的教师胜任力研究——基于对美国 OIIP 项目汉语实习教师的调查研究》，中央民族大学硕士学位论文，2014 年。

18. 贺怡然、田艳：《对美国小学汉语教学社区资源整合与利用问题的思考——基于对美国 OIIP 项目汉语实习教师的实地调查》，《汉语国际传播研究》，2014 年第 2 期。

19. 黄河清：《美国家校合作管窥》，《教育评论》，2008 年第 3 期。

20. 黄远振：《多元智能理论与外语教学》，《福建教育学院学报》，2004 年第 2 期。

21. 季蕾:《蒙台梭利模式下美国少儿汉语教学设计——以尤金市 R 学校汉语教学为例》,中央民族大学硕士学位论文,2015 年。

22. 贾莉莉:《美国家长参与学校教育研究》,北京师范大学硕士学位论文,2005 年。

23. 贾立帅:《美国小学生汉语教学研究——以在 Howell 的教学实践为例》,北京师范大学硕士学位论文,2009 年。

24. 姜楠:《美国小学母语教材对对外汉语教材编写的启示》,鲁东大学硕士学位论文,2014 年。

25. 蒋婷婷:《基于“5C”标准的美国外语教学——以美国小学汉语教学为例》,《教学与管理》,2015 年第 8 期。

26. 焦亚新:《当代美国对外英语教育研究》,河南大学硕士学位论文,2012 年。

27. 金蕾:《美国中小学汉语教师培训有效方式探索——以 ACC 项目汉语教师培训为例》,中央民族大学硕士学位论文,2012 年。

28. 金鹏:《游戏教学法在美国小学汉语教学中的应用与实践——以〈快乐汉语〉第一册为教材》,苏州大学硕士学位论文,2012 年。

29. 金添:《从〈不让一个孩子落伍法〉谈美国基础教育改革的主要趋势》,《基础教育参考》,2007 年第 9 期。

30. 晋小娜:《美国幼儿汉语教学法探微》,《文教资料》,2012 年第 30 期。

31. 康煜:《刍议美国汉语教学法的变迁》,《青年作家》,2011 年第 5 期。

32. (美)柯传仁、沈禾玲:《回顾与展望:美国汉语教学理论研究述评》,《语言教学与研究》,2003 年第 3 期。

33. 李彩旻:《美国学校、家庭、社区合作的实践模式研究—

以“全国合作学校关系网（NNPS）”为例》，华东师范大学硕士学位论文，2010年。

34. 李敏宜：《试析美国幼儿教育课程模式的理论流派及其启示》，《比较教育研究》，2007年第11期。

35. 李琴：《激发美国K-1班幼儿中文学习兴趣之初探》，南京大学硕士学位论文，2008年。

36. 李茜：《美国社会科教科书中的多元文化教育视角——以美国哈特米福林版小学社会科教科书为例》，《遵义师范学院学报》，2008年第2期。

37. 李泉：《论对外汉语教材的趣味性》，《世界汉语教学》，2004年第2期。

38. 李仁玲：《美国小学语文教学研究》，河北师范大学硕士学位论文，2012年。

39. 李如龙：《论汉语国际教育的国别化》，《语言教学与研究》，2012年第5期。

40. 李莎：《美国中小学科学教育理念与实践问题研究》，东北师范大学硕士学位论文，2009年。

41. 李亚利：《中美中小学课堂教学比较研究》，陕西师范大学硕士学位论文，2010年。

42. 李怡明：《美国小学课堂生态研究——以伊利诺伊大学香槟分校附小为例》，西南大学硕士学位论文，2009年。

43. 李月华：《美国基础教育基于标准的课程改革及启示》，河北大学硕士学位论文，2005年。

44. 李云霞：《美国学生汉语课堂教学策略探讨》《云南师范大学学报》，2007年第1期。

45. 李正栓、索磊：《美国外语教学模式给我们的启示》，《外语与外语教学》，2003年第7期。

46.（美）廖山漫：《国际汉语教学原则要体现汉语语言的特

殊性——全美中小学外语教学指导大纲与汉语47. 教学实践的关系》,《外国中小学教育》,2011年第5期。

48. 林晓群:《美国公立小学中文课程主题式教学研究与设计》,中山大学硕士学位论文,2012年。

49. 林悦:《国外小学家校合作研究及对我国的启示》,辽宁师范大学硕士学位论文,2009年。

50. 刘翠兰:《家校合作及其理论依据》,《现代中小学教育》,2005年第10期。

51. 刘德华、赵亚莉:《美国小学教师标准与小学教育专业的课程设计——以佐治亚州立大学早期儿童教育专业为例》,《教师教育研究》,2006年第5期。

52. (美)刘骏:《赴美国际汉语教师志愿者调研报告》,《世界汉语教学学会通讯》,2010年第3期。

53. 刘俊娜:《美国汉语教学的现状及思考》,《中国城市经济》,2011年第30期。

54. 刘美兰:《美国汉语学习标准和教学模式对中国外语教学的启示》,《教学月刊》(中学版),2010年第11期。

55. 刘慧、尹衍杰:《美国公立小学非沉浸式汉语课程与学科知识相贯连的研究——以纽约州杰尼瓦学区为例》,《青岛职业技术学院学报》,2017年第1期。

56. 刘彤:《近代美国幼儿教育理论的形成与发展》,《河北大学学报》,2001年第4期。

57. 刘小丽:《PDS:美国教育理论和教育实践相结合的创新模式》,河北大学硕士学位论文,2005年。

58. 刘莹:《论游戏教学法在国际幼儿汉语课堂中的运用——以美国汉语课堂教学为例》,扬州大学硕士学位论文,2013年。

59. 卢友艳:《游戏在儿童汉语二语教学中的运用》,厦门大学硕士学位论文,2009年。

60. 陆野：《从认知发展理论看美国儿童汉语教学》，《华中师范大学研究生学报》，2011 年第 1 期。

61. 陆效用：《美国 21 世纪的“5C”外语教育》，《外语界》，2001 年第 5 期。

62. 罗春英：《美国 K-12 汉语教材现状及特点分析》，《外国中小学教育》，2011 年第 11 期。

63. 罗丹：《美国基础教育阶段的外语学习标准刍议》，《上海教育科研》，2013 年第 11 期。

64. 罗静：《美国优秀教师评价标准研究》，西南大学硕士学位论文，2010 年。

65. 罗青松：《美国〈21 世纪外语学习标准〉评析——兼谈〈全美中小学中文学习目标〉的作用与影响》，《世界汉语教学》，2006 年第 1 期。

66. （美）史昆：《美国中小学中文教育的机遇与挑战》，《云南师范大学学报》，2008 年第 1 期。

67. 逯改：《家校合作教育的价值理念》，《福建论坛》（社科教育版），2007 年第 12 期。

68. 吕志红：《美国中小学课堂管理研究》，河北大学硕士学位论文，2006 年。

69. 马翼虹：《美国当代中小学户外教育实践模式研究》，西北师范大学硕士学位论文，2006 年。

70. 倪博：《美国小学生对外汉语文化教学方法初探》，《青年与社会》，2013 年第 9 期。

71. 齐新：《美国中小学汉语课主要教学模式》，《新课程：教育学术》，2015 年第 4 期。

72. 单中惠：《走向实质的教育公平——20 世纪美国基础教育公平理念探析》，《国外教育研究》，2011 年第 2 期。

73. 邵滨、邵辉：《新旧〈国际汉语教师标准〉对比分析》，

《云南师范大学学报》，2013 年第 4 期。

74. 邵征锋：《教室设计对教学的影响》，《中国教科创新导刊》，2008 年第 6 期。

75. 孙曼丽、洪明：《美国外语教师教育改革的新动向》，《基础教育参考》，2007 年第 3 期。

76. 彭小虎：《美国小学教育的改革与发展——以加州小学为例》，《外国中小学教育》，2008 年第 9 期。

77. 秦志宁：《培养美国汉语教师途径的特殊性与挑战》，《汉语国际教育人才培养现状与对策》，2012 年第 2 期。

78. 宋敏：《任务型教学法在美国华裔少儿汉语教学中的运用》，南京师范大学硕士论文，2014 年。

79. 谭静：《深度合作：对美国家校关系的特别感受》，《中小学管理》，2011 年第 5 期。

80. 田宝军、王德林：《美国专业发展学校（PDS）模式述评》，《高等师范教育研究》，2002 年第 11 期。

81. 田鑫：《韩国釜山地区开花小学汉语游戏教学的行动研究》，东北师范大学硕士学位论文，2012 年。

82. 田艳：《关于语言实践活动的总体构想》，《北京地区第三届留学生教育学术研讨会论文选》，北京：北京大学出版社，2004 年。

83. 田艳：《基于英国 MTESOL 课程体系对汉语国际教育硕士课程设置的思考》，《世界汉语教学》，2012 年第 3 期。

84. 田艳、贺怡然：《本科留学生语言文化实践教学体系的建立》，载《加强教学建设　提高人才培养质量——中央民族大学本科教学研究》（第十四辑），北京：中央民族大学出版社，2013 年。

85. 王大亮：《美国小学教育见闻》，《上海教育》，2003 年第 20 期。

86. 王辉：《TPR 教学法在美国小学初级汉语课堂中的运用研

究》，《考试周刊》，2014年第5期。

87. 王慧清：《游戏在对外汉语少儿教学中的应用》，山东大学硕士学位论文，2011年。

88. (美) 王觉非：《美国的中文教学状况：机会与挑战》，《汉语国际传播研究》，2010年第3期。

89. 王萍：《美国中小学教师教育发展研究》，华中师范大学博士学位论文，2012年。

90. 王添淼、李伟言：《美国K-12教育中国家外语教育目标述评》，《外国教育研究》，2006年第11期。

91. 王若江：《从对外汉语教学到国际汉语教学——全球化时代的汉语传播趋势》，《世界汉语教学》，2003年第3期。

92. 王晓钧：《美国中文教学的理论与实践》，《世界汉语教学》，2004年第1期。

93. 王哲虎：《论汉语教学在美国的现状及存在的问题》，吉林大学硕士学位论文，2008年。

94. 王芝：《美国小学汉语兴趣课堂教学模式探索——以美国T. C. Cherry小学汉语课堂为例》，河北大学硕士学位论文，2014年。

95. 王岩：《韩国中小学汉语课堂游戏教学法研究——以全罗南道地区中小学为例》，吉林大学硕士学位论文，2013年。

96. 魏欣：《美国蒙台梭利学校研究》，华东师范大学硕士学位论文，2007年。

97. 温晓芳、修玉霞：《浅谈美国汉语课堂教学模式》，《剑南文学》，2012年第10期。

98. 吴忠豪编译：《美国的小学语文课程和阅读教学》，《外国中小学教育》，2002年第3期。

99. 吴应辉：《国际汉语教学学科建设及汉语国际传播研究探讨》，《语言文字应用》，2010年第3期。

100. 席春玲：《今日美国小学外语教学模式述评》，《外国中小学教育》，2004 年第 1 期。

101. 昔河娜：《游戏教学法在韩国儿童汉语教学中的应用研究》，山东师范大学硕士学位论文，2011 年。

102. 萧素秋：《对韩国儿童汉语教学的总体评量》，《北京语言大学对外汉语研究中心会议论文集》，北京：北京大学出版社，2002 年。

103. 萧肃秋：《对外儿童汉语教学的游戏方法探讨》，《世界汉语教学学会会议论文集》，北京：北京语言大学出版社，1999 年。

104. 肖建芳、丁俊华：《中美两国当前外语课程标准比较研究》，《基础教育外语教学研究》，2007 年第 4 期。

105. 谢玲玲：《以文化为核心的美国汉语教学模式探析》，华中师范大学博士学位论文，2012 年。

106. 熊惟杰：《美国 K-5 汉语教学模式探究》，华中师范大学硕士学位论文，2015 年。

107. 徐超然：《美国汉语教学的历史、现状、问题和对策》，黑龙江大学硕士学位论文，2012 年。

108. 徐蕾：《主题教学法在美国小学汉语教学中的应用》，对外经贸大学硕士学位论文，2009 年。

109. 徐玉珍：《中美中小学家校合作比较研究》，华东师范大学硕士学位论文，2006 年。

110. 许海燕、樊晖：《包班协同教学提高教学效率》，《教学月刊》，2003 年第 5 期。

111. 严雪红：《20 世纪 90 年代以来美国中小学外语课程改革研究》，南京师范大学硕士学位论文，2011 年。

112. 杨静林：《美国小学对外汉语课堂教学文化引入与介绍模式》，《四川教育学院学报》，2010 年第 12 期。

113. 杨静林、曾祥敏：《美国小学教师批评用语分析及启示——以密歇根州霍恩小学校方指导文件为例》，《外国中小学教育》，2012 年第 12 期。

114. 杨敏：《美国中小学家校合作的实践探析及启示》，西南大学硕士学位论文，2007 年。

115. 杨芹：《中美外语教学改革的对比及对我国外语教学的启示》，《黑龙江高教研究》，2008 年第 2 期。

116. 杨曦：《美国小学汉语词语教学行动研究》，中央民族大学硕士学位论文，2015 年。

117. 杨旭：《儿童语言习得两大理论研究范式述评》，《现代语文》，2013 年第 1 期。

118. 姚艳梅：《美国外语教学模式给我们的启示》，《教育与职业》，2007 年第 4 期。

119. 尹霞：《美国小学社会科教科书中的文化内容研究》，华东师范大学硕士学位论文，2011 年。

120. 于冠卿：《合作学习与美国教育》，《山东教育科研》，1997 年第 2 期。

121. 于忠海：《美国小学教育中非年级化教学》，《外国中小学教育》，2001 年第 3 期。

122. 张瑾：《美国主流学校中的中文教育》，《福建论坛》，2010 年第 1 期。

123. 张静静、牛端：《美国中小学中文教学的现状、问题及发展趋势》，《外国中小学教育》，2012 年第 2 期。

124. 张敬：《韩国中小学汉语教学法研究综述》，《汉语国际传播研究》，2011 年第 1 期。

125. 张晓静：《美国中小学 IVC 教学中汉语作为第二语言教学的方法和技巧探索》，郑州大学硕士学位论文，2012 年。

126. 张晓莉：《美国五年一贯制教师教育模式研究——以弗吉尼亚大学为例》，东北师范大学硕士学位论文，2010 年。

127. 张薏：《美国小学基于任务教学的“三动化”汉语课堂教学模式研究与应用》，山东大学硕士学位论文，2010 年。

128. 张志娟：《美国中小学外语教学中交际教学法理论与实践及对国际汉语教学的启示》，《汉语国际传播研究》，2011 年第 1 期。

129. 张治国：《从美国报纸透视美国中小学的汉语教育》，《外国中小学教育》，2009 年第 6 期。

130. 赵昌术：《美国教师专业发展学校：理念、实施与问题》，《外国教育研究》，2003 年第 10 期。

131. 赵金铭：《对外汉语教学理念管见》，《语言文字应用》，2007 年第 3 期。

132. 赵红利：《美国教师专业发展国家标准研究》，首都师范大学硕士学位论文，2003 年。

133. 赵莹：《美国基础教育家校合作研究》，东北师范大学硕士学位论文，2011 年。

134. 赵颖：《试论歌曲在美国儿童汉语教学中的应用》，北京师范大学硕士学位论文，2009 年。

135. 郑露菲：《汉语教学课堂活动在美国中小学交互式视频会议远程教学中的实践》，郑州大学硕士学位论文，2012 年。

136. 郑晓明：《美国伯克蒙台梭利小学中文教学研究》，北京师范大学硕士学位论文，2009 年。

137. 周芬：《〈中国英语课标〉与〈美国外语学习标准〉的比较研究》，西华大学硕士学位论文，2009 年。

138. 周小请：《美国密歇根大学本科层次小学教师教育方案研究》，《现代教育论坛》，2009 年第 4 期。

139. 周有光：《儿童语言习得理论的若干问题》，《世界汉语教学》，1999 年第 3 期。

140. 周珏烨：《游戏教学法在韩国小学汉语课堂中的应用》，

山东师范大学硕士学位论文，2013 年。

141. 朱莉华：《IB 模式下的美国公立学校教育探析》，《湖南社会科学》，2014 年第 2 期。

（三）教材

1. 陈作宏、田艳：《体验汉语 · 留学篇》，北京：高等教育出版社，2005 年。

2. 陈作宏、田艳：《汉语交际口语》，北京：高等教育出版社，2008 年。

3. 邓秀均、田艳：《体验汉字》（入门篇），北京：高等教育出版社，2008 年。

4. 李晓琪、罗青松主编：《快乐汉语》，北京：人民教育出版社，2003 年。

5. 刘富华等：《汉语乐园》，北京：北京语言大学出版社，2007 年。

6. 田艳、邓秀均：《体验汉字》（提高篇），北京：高等教育出版社，2010 年。

7.（美）刘骏主编：《阳光汉语》，北京：商务印书馆，2011 年。

附表1　本研究调查的相关美国小学汉语教学情况一览表

序号	学校	学校类型	学校简介及开设汉语教学的历史及原因
1	M学校	公立学校	该小学属尤金学区，幼儿园至八年级学生约540人。前任校长重视汉语课程，该校有四年汉语教学历史。现任校长希望延续汉语教学历史，将其作为学校的亮点，并且新开设了汉语课外兴趣班。
2	O学校	私立学校	该小学属尤金学区，有幼儿园至十二年级学生约400人。该校要求一至三年级学生修读汉语、法语、西班牙语三门外语，四年级开始自选一门外语继续学习。该校有独立中文课堂，并于2008年成功申请改建为孔子课堂，为各个年级的汉语学习提供教学资料丰富的全浸式学习环境。现有中国及本土汉语教师各一名。
3	A学校	公立学校	该小学属尤金学区，学前班至五年级学生380人。该校2013年开设语教学，希望通过与OIIP国际实习项目合作，丰富学校的课程配置。
4	G学校	公立学校	该小学属春田学区，学前班至八年学生约550人。该校2013年开设汉语教学，希望引入丰富多彩的中国文化课程。
5	T学校	公立学校	该小学属春田学区，有幼儿园至六年级学生约450人。该校在个别年级开设了两三年汉语课。希望汉语课堂成为学校宣传的亮点，同时丰富校园文化生活。
6	V学校	公立学校	该小学属尤金学区特许学校，有幼儿园至五年级学生约350人。该校2013年开设汉语教学。该校为华德福特许学校①，希望通过中国文化课程的引入，开阔学生眼界。

① 特许学校是经由州政府立法通过，特别允许教师、家长、教育专业团体或其他非营利机构等私人经营公家负担经费的学校，不受例行性教育行政规定约束。这类学校虽然由政府负担教育经费，但却交给私人经营，除了必须达到双方预定的教育成效之外，不受一般教育行政法规的限制，为例外特别许可的学校，所以称之为特许学校。

续表

序号	学校	学校类型	学校简介及开设汉语教学的历史及原因
7	W 学校	公立学校	该小学属尤金学区，有幼儿园至八年级学生约530人。该校2007年开设汉语教学，汉语课已经得到师生认可，并在学区内有一定影响力。目前汉语课已经成为该校的一张名片，当地华人组织也在该校举办地区性的中秋庆典。
8	R 学校	公立学校	该小学属尤金学区，学前班至八年级学生约500人。该校2010年前后开设汉语教学，为蒙台梭利特许学校。学校重视培养学生热爱和平与文化交流的素养，同时通过开设汉语课增加生源。
9	H 学校	公立学校	该小学属春田学区，一年级至十二年级约580人。该校2013年开设汉语教学，希望通过开设中文课开阔学生的国际文化视野。
10	W 学校	公立学校	该小学属尤金学区较大的华德福特许学校，有幼儿园至五年级学生约400人。该校2013年开设汉语教学，其希望加强中美教育理念及教学方法的交流，同时丰富学生的校园生活。

附　　图

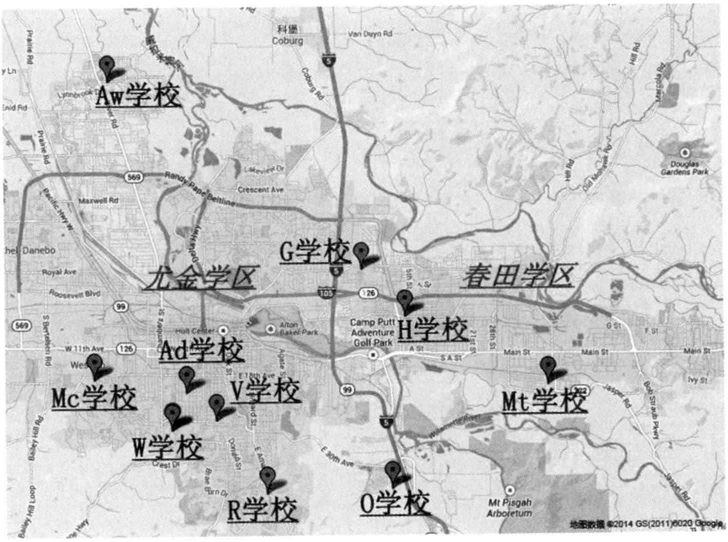

附图 1　本研究调查的美国小学地理位置分布图

后 记

（一）

近些年，美国小学汉语教学呈现出了越来越强劲的发展势头，美国中小学学习汉语的人数将达到75万人。在这一背景下，美国小学对国际汉语教师的需求量也越来越大，而缺少优质的汉语教师资源则是制约美国小学汉语教学的一个重要因素。如何在短时间内培养出能够胜任美国小学汉语教学的人才，是近些年美国中文教学界的一大挑战。

随着美国汉语教学的发展，近些年赴美国小学职场发展的汉教硕士人数呈上升趋势。但是这类师资在国内高校以及赴美之前所受到的培养，缺乏结合美国实际的参考和有针对性的指导，导致其面向美国小学情境下的诸多能力储备不足。这也促使我们在汉教硕士的培养过程中积极思考如何应对海外少儿汉语教学，特别是美国小学汉语教学的挑战，促使我们思考美国小学汉语教学的教学实质、教学思路、教学内涵等诸多内容。

本书为汉语国别化和低龄汉语学习者汉语教学的专门研究成果，也是第一部美国小学汉语教学研究专著，在一定程度上填补了相关研究的空白。希望本书在理论建设方面，能对今后相关课题的研究提供有益的启示；在课堂教学方面，能为提高美国小学汉语课堂教学的质量提供实际的帮助；在师资培养方面，为汉语国际教育硕士以及汉教硕士培养单位、赴美汉语教师、赴美汉语志愿者教师培养提供一定的依据。

（二）

我于20世纪90年代中期开始从事国际汉语教学工作（当时称作对外汉语教学），20余年来，在汉语教学的理论和实践两方面积累了一定的经验。

在语言生及研究生的教学实践方面，我教授过包括美国在内的几十个国家的留学生。2009年，开始负责国际汉语教育硕士多门专业必修课的教学工作。指导的研究生中有多人赴美国进行深造或实习，其中三人赴美国小学开展短期汉语教学和教学管理的相关工作。这三位学生的硕士毕业论文均以美国小学汉语教学为主题，总字数达25万字。

在海外工作、进修方面，2008—2009年，我在英国伦敦的一所大学修读英语作为第二语言教学的相关课程（TEFL）并进行学术交流活动，这一年我对英国的教育体系有了一定的理解。2010年和2013年，我两次赴美国东部和西部参加学术交流活动，其间参观了多所美国的大中小学、孔子学院和孔子课堂，参加并参与了当地社区的文化活动，从而对美国的汉语教育界有了深入可感的认识。

此外，我本人对于国别化研究有着独特而浓厚的兴趣。我曾赴近30个国家考察、学习或工作，参观过很多当地的孔子学院和汉语教学机构，与当地上百名的汉语专职教师和志愿者教师有过接触和交流。我曾撰写过第一部国别化的汉字教学研究专著：《汉语国际传播背景下泰国汉字教学研究》，还针对在京韩国人群体展开过专项文化研究。

尽管如此，我本人明显缺乏的是在美国小学进行课堂教学的真实经验。然而本书的另一作者贺怡然却弥补了我的这一不足。贺怡然是我校国际教育学院2014届汉语国际教育硕士，在校期间获得了全院汉教硕士教学技能大赛第一名并发表了学术文章。贺怡然于2013年9月至2014年2月在美国俄勒冈大学进行教育学专业研修学习，同时在当地公立小学进行全日制汉语教学工作和教学管理工作的实习。由于表现优异，她获得了对方全A的评价，成为深受学生喜欢的“小怡老师”。她的硕士论文以美国小学汉语教学和教师培养为内容，题为《MTCSOL硕士在美国小学情境下的教师胜任力研究——基于对美国OPPI项目汉语实习教师的调查研究》，该文获得了答辩委员的高度评价。

在获得了国家奖学金、优秀毕业生等荣誉顺利毕业后，贺怡然因表现出色，再次参加了美国普林斯顿北京短期语言教学项目，并获得了美国CET在华短期汉语教学项目的合作邀约。2015年起，贺怡然又在北京理工大学担任主课教师，并荣获该校2016年最佳贡献奖，这几年的教学过程中她又一次得到了飞速成长。她以丰富的视角为本书注入了独特的想法，她亲自访谈、调查获得了诸多第一手资料成为该领域宝贵的资源。贺怡然那永不枯竭的教学热情、丰富独特的想象力、持之以恒的韧性和良好的科研能力都令我十分欣赏。

（三）

我所在的国际教育学院对于国别化汉语教学始终给予高度的重视，特别是对于在美国汉语教学领域的研究给予大力支持。学院所倡导的全球化视野、国际化思维和创新性行动使我们对于海外汉语教学有了先导性的认识。此外，学院对教师在科研上予以大力支持，这是促成本书完成的有力保障。在学院强大的学术保障机制的支持下，本书得以顺利出版。

在此，要特别感谢中央民族大学研究生院院长吴应辉教授、国际教育学院副院长兼书记刘玉屏教授对本研究的大力支持。感谢学界知名学者陆俭明教授、赵金铭教授多年来对我们的关心和支持。感谢纽约大学石溪分校副校长刘骏教授、美国肯尼索基大学孔子学院金克华院长、美国西肯塔基大学孔子学院修华静院长、美国俄勒冈大学汉语旗舰项目主任井茁教授、澳门大学靳洪刚教授等美国汉语教学界的资深专家学者对本研究的支持。感谢李泉教授、陈作宏副教授多年来对我们不懈的支持和鼓励。

此外，我们还要感谢美国俄勒冈大学 OIIP 项目的张毅芳老师和 Carl 教授，美国 Ridgeline Montessori Public Charter School 的 Chrystal Reed 校长和 Diana Fitzer 老师、美方 Frankel 、Max Ma 等寄宿家庭，以及美方被访学校联络人杨晶、杨依凡、陈辰、庄颖、夏怡、樊芷君、刘雨晨、魏小霜、王天骁、王淯瑆、范博、常乐、王龙吟等老师的支持，所有参与本研究、支持本研究的美国一线小学汉语教师。感谢中央民族大学出版社的编辑们为本书的出版所付出的辛苦努力。

未来很美好，吸引我们一路向前。

田艳、贺怡然

2017 年春　于北京